墨香财经学术文库

"十二五"辽宁省重点图书出版规划项目

Research on Chinese
Household Savings Behavior
An Analysis Based on Behavioral Economics

陈慧 ◎ 著

我国居民储蓄行为研究
——基于行为经济学视角的分析

东北财经大学出版社　　　大连

Dongbei University of Finance & Economics Press

图书在版编目（CIP）数据

我国居民储蓄行为研究：基于行为经济学视角的分析 / 陈慧著．—大连：东北财经大学出版社，2021.5

（墨香财经学术文库）

ISBN 978-7-5654-4202-5

Ⅰ．我…　Ⅱ．陈…　Ⅲ．①居民储蓄–经济行为–研究–中国 ②居民消费–经济行为–研究–中国　Ⅳ．①F832.22 ②F126.1

中国版本图书馆CIP数据核字〔2021〕第088751号

东北财经大学出版社出版发行

大连市黑石礁尖山街217号　邮政编码　116025

网　　址：http：//www.dufep.cn

读者信箱：dufep @ dufe.edu.cn

大连永盛印业有限公司印刷

幅面尺寸：170mm×240mm　字数：141千字　印张：10　插页：1
2021年5月第1版　　　2021年5月第1次印刷
责任编辑：孙　平　　　责任校对：吴　奂
封面设计：冀贵收　　　版式设计：钟福建
定价：48.00元

本书获得东北财经大学出版基金资助

前言

在一国的经济运行中，储蓄作为消费的对立面，起到调节社会总需求的作用，同时作为国民财富积累的源泉，在一定程度上决定着资本存量，进而影响投资、经济增长及就业。与世界其他各国相比，我国居民储蓄率一直处于较高水平，长年保持在45%左右的高水平上。高储蓄率虽然为我国经济发展提供了充足的资金基础，但易导致银行体系风险加剧、内需不足而过度依赖出口、产能过剩等问题。近年来，我国一直将扩大内需、调整消费结构作为经济工作的主要着力点，并出台了一系列刺激和调节消费的政策，但收效甚微。在2008年次贷危机、2020年新冠肺炎疫情的影响下，全球经济放缓，外部投资环境日趋恶劣，如何提振内需，实现经济稳定增长是我国亟须解决的重要问题之一。

针对我国高储蓄率这一特征事实，新古典经济学家主要提出四种理论解释，包括凯恩斯的绝对收入假说、杜森贝里的相对收入假说、弗里德曼的持久收入假说及莫迪格利安尼的生命周期假说，本书提出第五种解释——基于行为经济学框架的解释。本书认为，我国处于政治、经济、文化三重转型期，居民储蓄不仅受到人均收入、人口结构、通货膨胀率等外部因素影响，还受到居民自身行为因素影响。通过对行为经济学中的前景理论与心理账户理论进行验证和研究发现，居民的损失厌恶心理和区别对待不同来源收入行为也是造成当前我国居民储蓄率高居不下和城乡消费差距日益扩大的重要原因。

本书共分为6章，各章的主要内容如下：

第1章为引言，介绍研究背景、研究问题及研究意义，并归纳研究创新点。

第2章为文献综述。首先以储蓄理论发展过程为依据，对已有储蓄理论及在我国的适用性检验进行综述，然后从影响居民储蓄的外部因素和行为因素两个方面进行文献梳理，并总结已有研究的不足之处。其中，外部因素主要包括经济增长、人口结构、社会保障、通货膨胀等，行为因素则包括前景理论和心理账户理论。

第3章为居民储蓄问题基本分析，考察传统外部因素对居民储蓄的影响。在重新估算我国居民储蓄率的基础上，通过大样本协整检验，考察我国居民储蓄率与抚养比、人均收入及收入增长率等变量之间的长期均衡关系。结果表明，我国居民储蓄率与长期收入增长率、老年抚养比变化率、社会保障支出的对数、少儿抚养比变化率、通货膨胀之间存在着长期稳定的协整关系。在此基础上进一步提出误差修正模型，分析我国居民储蓄率的短期波动，误差修正模型显示，收入长期增长率的短期提高对居民储蓄率水平的提高表现出显著的正面影响。考虑到中华人民共和国成立至今，政治、经济、文化政策经历了几次重大的变革，尤其是在计划经济向市场经济转轨过程中，数据极可能出现结构性变化，个别变量对居民储蓄率的影响可能存在阶段性变化，因此引入虚拟变量，将全样本划分为两段并进行回归分析，发现老年抚养比及社会保障等变量序列在1987年出现结构性变化。

第4章将行为金融学中心理账户理论引入我国居民储蓄问题分析，在对理论进行宏观、微观层面数据检验的基础上，考察我国城乡居民的心智特征，并从收入来源角度进行城乡异同分析。按收入来源将收入细分为工资性收入、经营性收入、财产性收入及转移性收入，使用广义矩估计方法分别对我国31个省、自治区、直辖市城镇、农村两个样本进行心理账户理论的宏观检验。结果显示，无论城镇样本还是农村样本，不同来源收入之间的边际储蓄倾向存在显著差异，其中转移性收入对居民储蓄的影响都不显著，其余三种收入的边际储蓄倾向如下：财产性收入＞工资性收入＞经营性收入，且农村居民整体上表现出更高的储蓄倾向。在前人研究的基础上，本研究将我国居民收入账户分为工作相关常规收入、非常规收入及经营投资收入三个次级账户，将消费账户分为生活必需支出、家庭建设与个人发展支出、情感维系支出及享乐休闲支出四个次级账户，将储蓄账户分为安全型保障储蓄与风险型储蓄两个次级账户，通过使用中国健康与养老追踪调查（CHARLS）数据库全国基线调查数据进行心理账户理论的微观检验。研究结果同样支持心理账户理论，其中城镇居民在生活必需支出账户的边际消费倾向最高，而农村居民则在家庭建设与个人发展账户上具有较高的边际消费倾向。进一步地，将性别、年龄、受教育程度、婚姻状况、是否享有医疗保险、子女数量、主观健康程度、主观生活水平及收入水平等因素引入分析，建立Logit模型刻画我国居民的心智特征，研究发现上述各变量对城乡居民存在不同程度的影响。城乡居民的边际储蓄倾向差异及不同来源收入占比变动趋势，可以从一定程度上为我国城乡居民消费水平差距提供合理解释。

第5章将前景理论引入我国居民储蓄、消费分析，从宏观和微观两个层面对理论进行检验，并从收入波动角度对我国高储蓄率现象及城乡消费差异进行解释。从生命周期-持久收入假说出发，将收入正、负向变动引入模型，建立可检验的损失厌恶计量模型，并结合我国城乡居民收入和消费省际面板数据，以及中国健康与养老追踪调查数据库全国调查数据，进行前景理论的宏观和微观检验。检验结果表明，传统生命周期-持久收入假说不成立，当期收入变动均会对当期消费产生显著影响，当居民面对当期收入减少的状态时，消费随收入的变动更加明显，支持前景理论。本研究创新性地将心理账户中不同来源收入引入前景理论模型，分析当不同来源收入存在正、负向变动时，居民消费中损失厌恶现象程度差异。结果表明，城镇居民在工资性收入中表现出明显的损失厌恶，而农村居民则更厌恶转移性收入的损失。居民面对收入负向波动的损失厌恶心理，以及城乡居民损失厌恶程度的差异，可以从一定程度上解释近年来快速增高的居民储蓄率和越来越明显的城乡消费差距现象。

第6章总结全书研究结论和不足，并提出政策建议和研究展望。中国居民的高储蓄率现象不仅受到外部因素影响，同时也受到居民行为因素影响，损失厌恶心理及心理账户都会对居民的储蓄和消费行为产生影响。在保证居民收入平稳的基础上，注意城乡居民的行为特征差异，制定更具针对性的政策，以有效促进消费并缩小城乡消费差距。

本书内容为研究我国居民消费及储蓄相关问题提供了新的视角，对行为经济学这一新兴理论在我国的适用性研究进行了初步探索，研究结论对政府政策制定具有一定的借鉴意义。

陈慧

2021年2月

目录

1 引言

1.1 选题背景

在一国的经济运行中，储蓄作为消费的对立面，起到调节社会总需求的作用，同时作为国民财富积累的源泉，在一定程度上决定着资本存量，进而影响投资、经济增长及就业。改革开放以来，我国经济高速发展，居民可支配收入增幅显著，但与世界其他各国相比，我国储蓄率一直处于较高水平，无论是和印度这样的发展中国家相比，还是和日本、美国这样的发达国家相比，我国国内总储蓄占 GDP 比重及国民储蓄净额占 GNI 比重都很突出，甚至与同为中高等收入国家的其他国家均值相比，我国的储蓄率数据都是惊人的（见表 1-1）。高储蓄率虽然为我国经济发展提供了充足的资金基础，但易导致银行体系风险加剧、内需不足而过度依赖出口、产能过剩等问题。2002 年，我国中央经济工作会议就曾将扩大内需作为首要经济工作任务提出；2008 年，中国人民银行行长周小川在中国金融论坛上表示，中国消费占 GDP 比重过低，且消费结构不合理，家庭消费比重偏低，促消费、调结构成为保证我国经济增长需要解决的重大议题；2014年，李克强总理在年度政府工作报告中提到，要"增强内需拉动经济的主引擎作用"及"把消费作为扩大内需的主要着力点"。从最终消费对经济增长的贡献率可以看出，2010年这一数值仅为43.1%，而同时期资本形成总额的贡献率为52.9%。尤其是，2008年美国金融危机，2010年欧洲主权债务危机接连爆发，外部投资环境急剧恶化，我国年总出口增速放缓，2009年以来出口对经济增长的贡献率极不稳定，多年数值为负，2016年达到-11.6%，出口已经不足以用来维系我国经济平稳增长。2020年，新冠肺炎疫情席卷全球，国内外经济均遭受重创，因此在全球经济放缓大背景下，如何有效促进作为拉动经济增长三驾马车之一的消费，具有极为重要的经济意义。

表1-1　　　**国内总储蓄占GDP比重及国民储蓄净额占**
GNI比重的跨国比较

指标	国家	时间				
		1970—1980	1981—1990	1991—2000	2001—2010	2011—2018
国内总储蓄占GDP比重（%）	中国	30.42	35.45	35.45	46.44	47.73
	印度	17.50	20.16	20.16	29.08	32.76
	日本	35.12	31.36	31.36	23.67	25.87
	美国	22.54	21.60	21.60	17.24	18.92
	OECD成员国均值	23.99	23.05	23.48	24.72	—
	中高等收入国家均值	19.30	20.41	17.44	19.66	—
国民储蓄净额占GNI比重（%）	中国	—	25.98	27.35	28.71	24.24
	印度	—	11.36	14.27	21.72	22.61
	日本	—	16.59	12.92	4.90	2.95
	美国	—	9.26	8.10	5.45	2.87
	OECD成员国均值	11.36	8.17	8.10	7.90	4.67
	中高等收入国家均值	—	12.57	9.12	9.12	—

数据来源：世界银行。其中OECD成员国和中高等收入国家按照世界银行划分标准。中高等收入国家排除中国。

在构成国民储蓄的各部分中，无论从缓解短期经济波动、保障居民生活，还是为投资提供资金等角度来看，居民储蓄的作用都最为直接（任若恩和覃筱，2006），且无论是发达国家还是发展中国家，居民储蓄在国民储蓄中的占比都很高。据汪伟和郭新强（2011）测算，居民储蓄约占国民储蓄的一半。因此，本研究主要针对我国居民储蓄相关问题进行。

中华人民共和国成立70多年来，我国经济经历了几大重要变革。改革开放之前的实际GDP增长率波动较大，改革开放之后逐渐稳定并一直保持在较高水平。与此同时，我国居民储蓄率一直保持较快增长，整体呈显著上升趋势，从1953年的7.27%上升到2017年的51.98%。由图1-1可以看到，居民储蓄率在1959—1963年间明显下降，"文化大革命"时期居民储蓄率也有所下降。改革开放之后，我国居民储蓄率稳步增加，到2016年达到最高点54.6%。Kraay（2000）认为1978年之前的储蓄率主要受政府中央集权制的影响，而1978年以后，政府主导的储蓄减少，而居民家庭收入的增加使得居民储蓄显著增加。针对中国储蓄井喷式增长现象，Modigliani试图利用生命周期假说（LCH）进行解释，认为LCH可以很好地诠释中国由计划经济向市场经济转变过程中居民储蓄率的变化情况（Modigliani和Brumberg，1954；Modigliani和Cao，2004）。

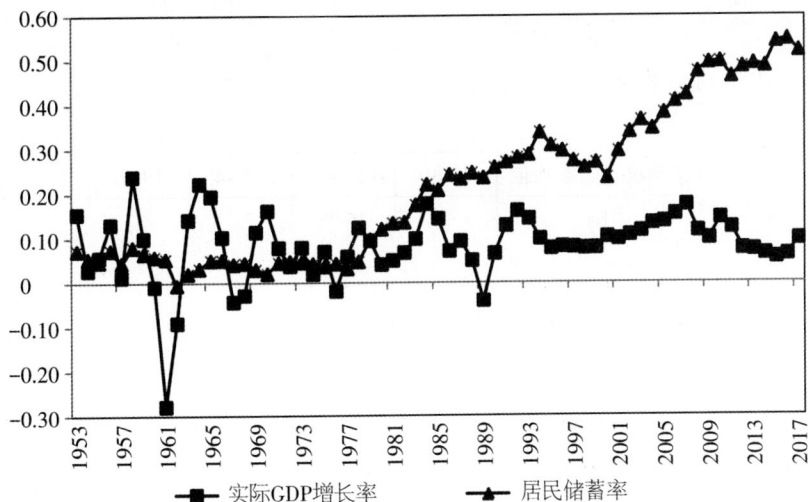

图1-1 我国1953—2017年实际GDP增长率与居民储蓄率

在已有理论文献中，许多学者都对影响我国居民储蓄率的外部因素提出了自己的见解。中国人民银行研究局课题组（1999）运用1978—1997年数据，回归分析发现经济增长率对居民储蓄率的影响在统计意义上不显著，而居民收入水平对居民储蓄率有显著的正影响，居民抚养系数对居民储蓄率有显著的负影响。而Horioka和Wan（2007）使用1995—2004年省际面板数据研究发现，人口结构变量对我国居民储蓄率并没有产生显著影响，而滞后期储蓄率和收入增长率才是导致中国高居民储蓄率的主要原因，实际利率和通货膨胀率也存在一定影响。杜宇玮和刘东皇（2011）结合全国及城乡1979—2009年间数据，运用状态空间模型和卡尔曼滤波算法全面估测中国居民预防性储蓄动机强度的时序变化，结果发现，无论是从全国总体还是分城镇和农村来看，中国居民都存在着较强的预防性储蓄动机，且随着改革开放进程的逐步加快，特别是自1990年以来，中国居民预防性储蓄动机强度呈现稳步上升的态势。汪伟和郭新强（2011）建立两期家庭消费模型，并通过对我国1978—2008年数据实证分析发现，中国人的储蓄习惯及收入不平等都对居民储蓄率产生很大影响，基尼系数每提高1个百分点，居民储蓄率将增加0.63个百分点。张建华和孙学光（2009）利用我国1978—2006年时间序列数据，借助误差修正模型，研究了收入、利率、通货膨胀以及预防性动机与居民储蓄存款之间的关系。结果表明，收入对城乡居民储蓄存款的影响最大，利率影响最小，通货膨胀居中。

储蓄理论方面，理论检验主要集中在凯恩斯绝对收入假说、杜森贝里相对收入假说、弗里德曼持久收入假说及莫迪格利安尼生命周期假说上，学者们试图用传统储蓄理论解释我国居民高储蓄率现象之谜。齐天翔（2000）认为由经济转轨导致的居民收入分配不均日益明显，应导致消费示范效应越来越强，居民储蓄应该相应减少，与我国居民储蓄近年来逐年增长的现实不符，因此相对收入假说在我国并不适用。汪伟（2008）运用我国1995—2005年省际动态面板数据检验了凯恩斯绝对收入理论与生命周期理论对中国的适应性，计量结果表明城镇样本较好地支持了生命周期理论，农村样本则较好地支持了凯恩斯理论。苏基溶和廖进中（2010）通过对中国城镇居民 1980—2007 年数据分析发现，生命周期储蓄动机是解释中国居民高储蓄率的重要原因。石正华（1996）通过对我国 1979—1994 年数据进行检验，验证了持久收入假说在我国的适用性，实证结果表明全国居民持久收入每增加 1 个单位，全国居民总储蓄增加 0.3464 个单位。但张邦科和邓胜梁（2013）通过检验我国 1980—2010 年 35 个大中城市的面板数据，发现持久收入假说与生命周期假说不能完全适用于中国城市居民的消费行为，而绝对收入假说则完全不适用。

由此可以发现，已有针对居民储蓄问题的研究存在两方面不足：一是外部影响因素研究区间主要集中在改革开放之后，这样没有完整体现我国居民储蓄在经历一系列重大政治、经济、文化等方面改革前后的变动情况；二是缺乏居民行为因素对储蓄行为的影响分析，传统储蓄理论均建立在"经济人"的严苛假设之上，暗含着一系列前提假设，如行为主体严格遵循预期效用理论制定决策、财富可替代、不存在认知偏差等，而这些假设在现实中很难同时满足。

传统经济理论所基于的理性人假定暗示着决策个体或群体的行为具有同质性，而这种假定忽略了现实世界中普遍存在的事物之间的差异特征和不同条件下认知的差异性。20 世纪 50 年代，诺贝尔经济学奖得主西蒙提出"有限理性决策理论"，用"社会人"取代"经济人"，认为行为主体并不能实现完全理性，而是处于完全理性与非理性之间，而有限理性假设的两项界定因素是有限的信息和有限的理解力（汪丁丁，2010）。20 世纪 70 年代，法玛提出有效市场假说，即股票价格反映所有可得信息，由此得到股价是不可预测的结论。随后，大量学者对这一假说进行检验，并发现了大量传统金融学无法解释的市场异象，如动量效应、羊群效应、IPO 溢价等。因此，针对这些异象研究、将市场参与者的情绪及心理纳入分析的学科——行为金融学蓬勃发展起来。行为金融学将行为主体的心理因素纳入标准金融学分析框架之中，对传统金融学"理性人"假设、预期效用理论、完全信息等假设提出挑战，试图从有限理性主体出发，研究非有效市场下个体行为偏差及群体行为，为在有效市场假说检验过程中出现的市场异象提供了很好的解释，被认为是更贴近现实世界的理论学派，该理论的杰出研究者，如丹尼尔·卡尼曼、罗伯特·席勒，先后被授予诺贝尔经济学奖，体现学界对行为金融学这一理论学派的支持，近年来行为金融学更是成为学者们的研究热点。行为金融学主要内容有基于投资者心理的市场异象（如动量效应、日历效应、反应不足等），基于认知偏差的非理性行为（如损失厌恶、心理账户、处置效应等），以及基于传统经济理论的修正扩展（如前景理论、行为资产组合理论等）。行为金融学对现实问题解释力极佳，应用性极强，其中心理账户理论和前景理论因其在金融投资领域的广泛应用而备受关注。

心理账户理论由芝加哥大学行为科学教授理查德·萨勒于1985年在"Mental Accounting and Consumer Choice"一文中正式提出，心理账户是指人们在心理上对结果（尤其是经济结果）的分类记账、编码、估价和预算等过程。理论表明，人们总是根据资金的来源、资金的所在及资金的用途等因素对资金进行归类。财富可替代性假设作为传统经济学基本假设之一，认为家庭储蓄决策是在现值约束条件下实现效用最大化的结果，而这个约束假定每一单位财富，无论来源如何，无论是现在的还是未来的，相互之间都是可替代的。然而，心理账户理论对此基础假设提出挑战，Shefrin和Thaler（1988）提出一个简单的心理账户体系把财富分成三个组成部分：现有可支配收入（I）、现有资产（A）和未来收入（F），三种账户内的财富具有不同的边际消费倾向，当前账户的边际消费倾向接近于1，未来收入账户的边际消费倾向接近于0，而资产账户的边际消费倾向介于二者之间，即 $1 \approx \partial C/\partial I > \partial C/\partial A > \partial C/\partial F \approx 0$。Keeler et al.（1985）研究发现人们在处理非预期收入和常规工资所得时截然不同，当非预期收入与常规工资所得相比很小时，对非预期收入有较高的边际消费倾向，这是因为面对同样数量金钱，意外所得的主观价值更低。Thaler（1994）通过对美国养老金与个人退休账户及储蓄账户资金进行研究，发现储蓄账户具有高边际消费倾向，养老金与个人退休账户具有接近于0的低消费倾向。此外，心理账户理论在家庭投资决策、消费及会计等领域都有非常丰富的应用。

前景理论作为行为金融学中经典理论之一，认为行为主体不再遵循预期效用理论进行决策，将风险决策过程分为编辑和评价两个过程。在编辑阶段，行为主体依照框架效应及参照点采集和处理信息，相比于潜在结果的总财富水平，行为主体更关注价格相对于参照点的变化状况。在评价阶段，行为主体不再通过效用函数来评估风险决策，而是依赖价值函数（value function）和主观概率的权重函数（weighting function）对信息予以判断。权重函数则表明行为主体会高估小概率事件发生的概率，低估大概率事件。价值函数具有三个特点：①以参照点为依据来定义收益与损失；②参照点之上函数是凹的，体现风险回避，而在参考点之下函数是凸的，体现风险寻求，且对于收益和损失都是敏感性递减的；③损失厌恶，同样金额的收益与损失带给行为主体的心理冲击强度不一，人们对损失更加敏感。Benartzi和Thaler（2007）试图运用前景理论来解释美国养老金之谜，即在美国，许多雇员选择不参加或者以低于生命周期模型揭示的储蓄率比例进行缴纳，这是雇员将已经积累在养老计划中的资金看作"旧有资金"，将还未缴纳的称作"新进资金"，出于损失厌恶而不愿改变原有计划导致养老金缴纳不足。

虽然国外学者已经针对心理账户理论及前景理论做了大量研究，但我国的行为经济学研究仍处于起步阶段。可以说，行为经济学的出现及发展为进一步研究我国居民储蓄问题提供了新视角。

1.2　研究目的和意义

在我国面临经济增长放缓压力，外围投资环境恶化的背景下，有效提升居民消费成为保障我国经济增长的重要手段之一。虽然我国近年来将促消费、调结构作为经济工作重点，并出台了一系列政策与方案，但我国居民消费情况仍然未得到明显改善，与世界其他国家相比，我国居民储蓄仍然处于非常高的水平，且城乡消费发展不平衡，消费水平差距日益扩大。因此，在传统储蓄理论和外部影响因素研究的基础上，将居民行为影响因素引入分析框架，可以从更加贴近现实的角度分析我国居民储蓄问题。本研究拟在对我国居民储蓄外部影响因素进行研究的基础上，将心理账户理论与前景理论引入我国居民储蓄问题分析之中，为储蓄问题提供行为视角分析。本研究的研究目的主要是解决如下三个问题：①我国城乡居民储蓄及消费行为中是否存在心理账户和损失厌恶现象？②我国城乡居民消费行为受哪些心智特征影响？③前景理论和心理账户是否可以从一定程度上解释我国高储蓄和城乡消费差距逐步扩大现象？

本研究的研究意义体现在两个方面：理论价值在于将行为经济学理论引入我国居民储蓄分析框架之中，分别从宏观和微观两个层面对心理账户理论和前景理论进行全面检验，为两个理论的应用提供新的实证证据，丰富行为经济学的理论研究；实用价值在于，通过对我国居民储蓄及消费中的行为理论进行验证，探究我国城乡居民的非理性特征及差异，补充已有传统视角下研究结论，为提出更有针对性的政策建议提供理论和实证基础。

1.3 创新点

本研究在对传统居民储蓄影响因素分析的基础上，将行为金融学中心理账户理论与前景理论引入居民储蓄与消费行为分析之中，考察城乡居民心理因素对储蓄与消费行为的影响。从已有文献汇总来看，本研究的创新点体现在以下几个方面：

第一，与已有文献在"理性人"假设基础上进行理论研究与外部因素分析不同，本研究将行为金融学中前景理论和心理账户理论同时引入我国居民储蓄问题分析之中，考察居民行为因素的影响。研究结论表明，居民心理因素确实会对储蓄行为产生影响，城镇、农村居民损失厌恶和各来源收入边际倾向存在显著差异，可以从一定程度上解释我国高储蓄现象和城乡消费差异现状。

第二，已有针对前景理论在消费与储蓄问题上的应用研究比较片面，且数据单一。本研究通过整理我国 31 个省、自治区、直辖市城镇居民、农村居民两个样本的收入、消费季度数据，以上一期收入为参照点，考察当期收入增加及减少两种情况下，居民当期消费随当期收入的变动情况，使用面板数据对前景理论进行宏观检验，并进行城乡异同分析，为前景理论在我国居民储蓄与消费问题研究的适用性上提供充分证明。此外，已有前景理论检验仅集中在宏观层面，本研究创新性地使用中国健康与养老追踪调查（CHARLS）数据，进行前景理论的微观检验，结果依然支持前景理论，进一步完善理论验证。

第三，利用中国健康与养老追踪调查全国基线调查数据，对心理账户理论进行微观检验，在收入-储蓄-消费三个维度上，进行各来源收入的边际倾向检验。建立 Logit 模型，分析我国城镇、农村居民的消费行为心智特征异同，研究指出性别、年龄、受教育程度、婚姻状况、是否享有医疗保险、子女数量、主观健康程度、主观生活水平及收入水平等因素对城乡居民存在不同程度影响。

第四，与以往单一针对心理账户理论或前景理论不同，本研究创新性地将前景理论与心理账户理论结合起来，将不同来源收入引入前景理论检验，对已有模型进行改进，分析城乡居民不同来源收入的损失厌恶程度差异，发现城镇居民对工资性收入表现出明显的损失厌恶，而农村居民则更加厌恶转移性收入的损失。

1.4　结构安排

第 2 章为文献综述。分别针对储蓄理论、传统影响因素以及行为影响因素（前景理论和心理账户）进行已有文献梳理，总结研究现状，并提出现有研究存在的不足之处。

第 3 章是居民储蓄问题基本分析。在重新估算我国居民储蓄率的基础上，通过协整检验和误差修正模型，进行我国居民储蓄率的长期均衡和短期波动影响研究，并通过邹至庄检验进行数据序列的结构性检验。

第4章将心理账户理论引入我国居民储蓄问题分析，试图考察不同收入来源下消费及储蓄账户间的边际倾向差异。通过运用广义矩估计方法，对我国31个省、自治区、直辖市城镇、农村两个样本进行理论的宏观检验。然后，针对中国人3-4-2的收入-消费-储蓄账户特征，使用中国健康与养老追踪调查数据进行理论微观检验，并将性别、年龄、受教育程度、婚姻状况、是否享有医疗保险、子女数量、主观健康程度、主观生活水平及收入水平引入分析，通过Logit模型分别刻画我国城镇、农村居民心智特征。最后试图从收入来源角度分析造成当前我国居民储蓄现状的原因。

第5章将前景理论引入我国居民储蓄、消费分析，考察面对同样数量、不同方向收入变动时，城镇、农村居民消费的不对称性。在生命周期-持久收入假说基础上，构建可检验的、包含损失厌恶主体的计量模型，并运用我国省际城镇、农村季度数据进行前景理论的宏观检验，比较损失厌恶程度差异。此外，运用中国健康与养老追踪调查数据进行前景理论微观检验，并从收入波动角度提出我国高储蓄水平及城乡消费差异现象产生的可能原因。

第6章为研究结论、政策启示与研究展望。分别对各章主要内容进行简要归纳，在此基础上提出政策建议，总结本书研究不足之处，另外还提出了研究展望。

本书的研究框架可概括如图1-2所示。

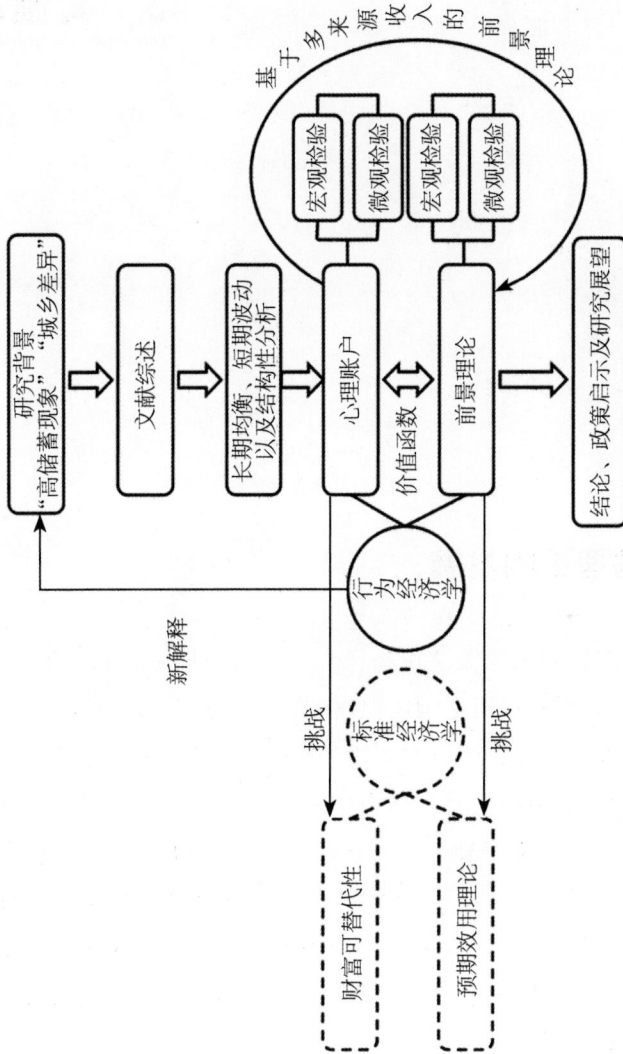

图 1-2　全书研究框架

2 文献综述

2.1 储蓄理论的发展

人们对储蓄问题的关注由来已久。亚当·斯密在其1776年的著作《国富论》中就明确指出了国民财富的增加取决于两个条件：一是劳动分工，二是资本积累，而资本积累来自节俭（储蓄）。与斯密所提倡的"节俭是美德"的观念相反，18世纪初，伯纳德·曼迪维尔提出过度储蓄会导致某些行业生产衰败，出现就业困难。19世纪，马尔萨斯提出过度储蓄会减少社会需求，导致生产过剩。凯恩斯则提出不能有效地转化为投资的过度储蓄会导致资本边际效率降低，进而降低社会就业。

最早，凯恩斯提出绝对收入假说（Absolute Income Hypothesis），认为收入的绝对水平直接影响消费。此假说只考虑消费者的当期消费决策，因此消费者的消费水平主要取决于当期收入，随着收入的增加，消费也增加，但消费的增长低于收入的增长。数学公式可以表示为：$C = \alpha + \beta Y$，C表示消费，Y表示收入，β为边际消费倾向。值得注意的是，凯恩斯所说的收入，不是按货币计算的名义收入，而是按货币购买力计算的实际收入。汪伟（2008）运用1995—2005年省际动态面板数据，研究结果表明农村样本能较好地支持该假说。而张邦科和邓胜梁（2013）通过检验我国1980—2010年35个大中城市的面板数据，发现绝对收入假说完全不适用我国居民储蓄问题。此理论虽然揭示了收入与消费之间的相关关系，但过于简化消费者的消费行为，缺少可应用性。

1949年，杜森贝里在其《收入、储蓄和消费者行为理论》一书中提出相对收入假说（Relative Income Hypothesis），该理论认为在稳定的收入增长时期，总储蓄率不取决于收入，而要受到利率、收入预期、收入分配、收入增长、人口年龄分布等多因素影响。相对收入假说否定绝对收入假说所认为的消费仅与当期收入相关的假设，认为消费者的消费水平同时存在示范效应和棘轮效应。示范效应认为消费行为不仅受到本人的收入水平影响，也会受到周围其他人的消费影响，如果周围其他人都因收入增加而增加消费，那么即使消费者本人收入未增加，也会提高当期消费。棘轮效应则是指消费行为存在惯性，即使当期收入减少，消费水平也会维持在一个较高的水平上，不会马上进行调整。Ferson和Constantinides（1991）发现美国居民的月度、季度与年度消费数据都表现出较强的消费惯性，而这种惯性作用的存在，使得滞后的储蓄率成为我国居民高储蓄率的主要决定因素之一（Horioka和Wan，2007），滞后储蓄率系数可以很好地反映居民储蓄的行为模式，无论是对城镇还是农村居民的数据进行检验，结果均非常显著（汪伟，2008）。而Loayza，Schmidt-Hebbel和Serven（2000）研究发现私人储蓄具有惯性，影响储蓄的任何一个因素的改变，都会在一些年之后产生影响。我国经济转轨以来，居民收入分配不均日益明显，如果按照该理论所述，消费的示范效应应该越来越强，居民储蓄应该减少，但这与我国的现实情况并不相符（齐天翔，2000）。

1956年，弗里德曼提出持久收入假说（Permanent Income Hypothesis），该理论将居民收入分为持久收入和暂时收入，认为居民对于两种收入的变化反应不一。消费者的消费支出不是由他的现期暂时收入决定的，而是由他的持久收入决定的，依赖于当前和未来的预期收入，数学表达式为 $PY_t = Y_{t-1} + \theta(Y_t - Y_{t-1}) = \theta Y_t + (1-\theta)Y_{t-1}$，其中 PY_t 是当期持久收入，Y_t 和 Y_{t-1} 分别表示当期实际收入与前期实际收入，θ 是权重（$0<\theta<1$），取决于人们对未来收入的预期。此理论假设消费者可以很好地度量一生收入的变化，并调整消费与持久收入保持一致，而暂时收入的变化并不会对消费产生很大的影响。该理论很好地描述了未来收入的不确定性及消费者的适度无耐性对消费的影响（Carroll 和 Kimball，2001）。曾令华和赵晓英（2007）以及金春雨、程浩和黄敦平（2010）分别以我国城镇、农村居民为样本，证实持久收入对我国居民消费的显著影响，石正华（1996）通过对我国 1979—1994 年数据进行检验，验证了持久收入假说在我国的适用性，实证结果表明全国居民持久收入每增加1个单位，全国居民总储蓄增加 0.3464 个单位。

美国经济学家莫迪格利安尼颠覆了之前的消费和储蓄理论，将储蓄与人的生命周期结合起来，提出了生命周期储蓄理论（Life-Cycle Saving Hypothesis）。该理论认为消费者会选择一个接近于预期的一生平均消费，实现收入在整个生命周期中的最优分配，以实现最大化效用。消费者在某一时期的消费与储蓄行为，不仅取决于他在该时期的收入，还取决于他现在的财产、预期收入以及他的年龄。一个人在未成年期和老年期消费高于收入，进行负储蓄；在成年期内消费低于收入，进行正储蓄。生命周期理论提供了分析任何时段的跨期分配的思路，且因其具有良好的逻辑一致性、可拓展性、可检验性，成为经济学家分析储蓄问题的核心和基础框架，但其对于储蓄问题的跨国差异的解释力是有限的（Browning 和 Crossley，2001）。汪伟（2008）运用我国 1995—2005 年省际动态面板数据研究了城镇与农村居民储蓄率的决定因素，结果表明，城镇样本较好地支持了生命周期理论。苏基溶、廖进中（2010）通过对中国城镇居民 1980—2007 年数据分析发现，生命周期储蓄动机是解释中国居民高储蓄率的重要原因。

但无论是持久收入假说还是生命周期理论都假定消费者对未来有稳定的预期，但是我国社会处在转型期，市场变化大，消费者对未来的预期并不明朗，另外我国信贷市场还不发达，消费者在平滑一生消费时也存在困难，因此以上两个理论对我国的现实解释力也比较有限（王信，1996）。

以上四个理论一直主宰经济学家对消费和储蓄的研究，直到理性预期革命爆发，研究才有了新的进展。卢卡斯提出表示永久收入和消费之间关系的消费函数的确定很难令人信服，因为从现期收入推算永久收入的过程会受到其他因素的影响。罗伯特·霍尔在卢卡斯的基础上，提出了随机漫步假说，通过构建消费者行为的欧拉方程，并假定效用函数为二次型，表明消费的变化是不可预见的。但二次效用函数意味着人们财富越多就越倾向于规避风险，而且消费者还存在着财富饱和点（Carroll，2001）。在此基础上发展出的预防性储蓄理论（Precautionary Saving Theory），即假定效用函数为非二次型，认为收入的不确定性的增加会使消费者因"谨慎"而增加储蓄、减少消费（Browning 和 Crossley，2001）。臧旭恒和裴春霞（2004）通过对我国省际面板数据的检验，发现自1978年以来中国居民消费行为强烈受到预防性储蓄动机的反向影响。

无论是永久收入假说还是生命周期理论都假设消费者可以在同样的利率水平上借入资金，借以平滑一生的消费。但现实中存在流动性约束，因此发展出流动性约束理论（Liquidity Constraint Theory）。Zeldes（1989）以及 Carroll 和 Kimball（2001）等人的研究表明，流动性约束不仅使消费低于正常水平，还会增加预防性储蓄。这是因为，如果不存在信贷约束，消费者在面临负的收入冲击时可以利用借贷来平滑消费。但如果信贷市场不发达，消费者就很难将收入风险分散到各个时期，风险对其预期效用会产生更大的负影响。

Deaton（1989）认为由于流动性约束和预防性储蓄的存在，因此资产起到缓冲库存的作用，Carroll，Hall 和 Zeldes（1992）正式提出缓冲库存储蓄模型（Buffer-Stock Saving Model），认为消费者持有资产主要是应对未来的收入波动，而最强烈的收入波动一般是由失业带来的。郭英彤和李伟（2006）认为由于我国处于转型期阶段，失业的可能性很大，且社会保障和福利体系不完善，因此消费者面临未来收入冲击的可能性非常大，所以该理论对我国的高储蓄率现象有很强的解释力。

由此可知，传统储蓄理论研究都是建立在凯恩斯经济学和新古典经济学的框架之上的，围绕收入与消费之间的关系展开，暗含着理性人假设，假定消费主体能够获取全部市场信息，正确处理可得信息并制定效用最优化决策，而这些假设在现实世界中难以同时得到满足。

2.2 传统影响因素

对于居民储蓄的外部影响因素，已有文献做出了相当全面的分析，主要集中在收入水平、经济增长、人口结构、预防性储蓄、通货膨胀、利率等方面。

（1）人均收入

收入作为储蓄资金来源的基础，对居民储蓄起决定作用，无论是凯恩斯绝对收入假说，还是弗里德曼持久收入假说，都是研究收入对储蓄的影响。以凯恩斯的绝对收入假说为例，居民的消费和储蓄行为完全取决于当期收入，且储蓄是收入的增函数，即随着收入的增加，居民会进行更多的储蓄，这样储蓄函数可以近似线性形式：$S = s_0 + sY$，因此 $S/Y = s + s_0/Y \left(s_0 < 0\right)$，这样储蓄率就是关于 $1/Y$ 的线性函数。Schmidt-Hebbel，Webb 和 Corsetti（1992）分别对 10 个经济体 1970—1985 年数据进行回归发现，收入每增加 1% 会提高 0.5% 的家庭储蓄。我国城乡居民储蓄的高速增长尽管是多方面因素共同作用的结果，但最主要的原因应该还是经济的高速增长所带来的城乡居民收入的大幅度增长（何德旭，2003）。石正华（1996）通过对我国 1979—1994 年的数据检验，发现全国居民持久收入每增加 1 个单位，全国居民总储蓄增加 0.35 个单位。

（2）长期收入增长率

经济增长必然带来居民收入的增加，这为居民储蓄提供了基础。Modigliani 提出的生命周期假说（LCH）认为，储蓄率与人均收入没有关系，而是依赖于收入的长期增长率，他认为储蓄函数可表示为 $S/Y = s_0 + s_1 g + e$，其中 g 表示稳定的收入增长率，s_1 显著为正，随机误差项

e~iid。我国经济增长一直保持较高的水平，尤其是改革开放之后，实际 GDP 增长率一直保持在 8% 以上（除 1981 年、1989 年、1990 年外），即使在 2008 年爆发金融危机以及随后的欧洲主权债务危机之后，也一直保持着相对稳定的快速增长，而长期稳定的经济增长率必然会引起人均收入增长率的提高，这也一直被公认为是导致我国高储蓄率的主要原因之一。而一些对东南亚地区的研究表明，日本、韩国、泰国、马来西亚等国家在经济发展阶段储蓄率都很高，与中国当前的情况类似（王德文等，2004；何新华和曹永福，2006）。汪伟（2009）运用中国 1989—2006 年的省际面板数据考察了经济增长对储蓄的影响，指出 20 世纪 70 年代以来我国的高储蓄率很大程度上是由高增长引起的。既然经济增长与储蓄之间有显著的正相关关系，且经济增长对发展中国家的影响更大，那么促进发展可以作为提高储蓄的有效手段（Loayza，Schmidt-Hebbel 和 Servén，2000）。Modigliani 和 Cao（2004）指出，我国 1957—1978 年间平均居民储蓄率低于 5%，而随着 20 世纪 70 年代中国进行经济改革，经济增长一直保持较高水平，无论城镇还是农村的人均年收入都有高速的增长，1994 年中国的储蓄率更是达到 34%，并通过对我国 1953—2000 年数据的检验证实了长期收入增长率对于我国居民储蓄率的解释力。但储蓄率与国民收入之间并不一定就是正相关关系，还要考虑边际消费倾向的变化，且高储蓄率与经济发展阶段有明显的相关性（王德文等，2004）。

（3）人口结构

从个人生命周期来看，在少儿时期没有劳动能力，处于负储蓄阶段，达到劳动年龄之后个人储蓄呈上升趋势，老年阶段储蓄下降。从社会整体角度来看，若劳动力人口占总人口比例上升，则储蓄上升，因此人口结构是影响储蓄的重要因素。值得注意的是，在中国，人口结构同时也是一个文化变量，因为人口结构受国家政策的强烈影响，20 世纪 70 年代初开始的计划生育政策实施前后，我国人口出生率发生明显变化，从 1963 年顶峰的 43.6‰ 下降到 2012 年的 12.1‰。Modigliani 和 Cao（2004）认为计划生育政策的实施对储蓄率的影响，除了使人口负担系数大幅下降外，也改变了传统的养儿防老的思想，意识到增加个人财富积累的重要性。王德文等（2004）的研究表明，总抚养比下降对中国储蓄率的贡献率在5%左右。汪伟（2009）通过对中国1989—2006年省际面板数据实证分析发现，人口政策转变带来的抚养系数下降导致中国储蓄率不断上升。徐升艳、赵刚和夏海勇（2013）通过对我国1978—2008年数据分析得到类似的结论。抚养系数不仅可以在一定程度上解释我国的储蓄增长问题，同时也对发达国家和发展中国家的储蓄差异提供了一个很好的解释，但是究竟是抚养率作为外生变量影响了储蓄率，还是两者都是内生的，同时受人均收入决定，仍然需要进一步探究（Leff，1969）。抚养比一般又可细分为老年抚养比和少儿抚养比。

①老年抚养比

老年抚养比是指总人口中，年龄65岁及以上人口数与劳动力人口数之比。目前，我国人口老龄化趋势日益明显，由图2-1可以看出，我国老年抚养比从1968年开始呈现出直线上升趋势。针对老年抚养比对居民储蓄率的影响，国内外学者得到的结论并不一致。汪伟（2008）运用1995—2005年省际数据分别考察老年抚养比对城镇和乡村居民样本的影响，结果发现老年抚养比对两者储蓄率都有非常显著的解释作用，老年抚养比每增加1%，城镇居民储蓄率增加0.62%，农村居民储蓄率增加0.23%。李宏（2010）的研究表明，一方面，老年抚养比的提高会使得居民出于预防动机而增加储蓄；另一方面，考虑到医疗成本上升、劳动力短缺造成产出下降及不断扩大的养老支出带来的财政赤字等原因，老年抚养比上升会造成居民储蓄的下降。Leff（1969）通过大样本跨国资料研究发现，老年抚养比每增加1%，储蓄率降低0.399%。王德文等（2004）研究发现，1982—2002年老年抚养比变化对储蓄率的平均贡献率为-5.1%。

②少儿抚养比

少儿抚养比是指总人口中0~14岁人口数与劳动力人口数之比。Horioka和Wan（2007）整理了1949—2005年中国人口结构的数据，发现我国儿童抚养系数在早期相对较高，20世纪70年代后产生了巨大转变。与老年人口一样，少儿没有劳动能力，不能获得收入，单纯消费，因此Leff（1969）研究发现少儿抚养比每增加1%，储蓄率降低1.352%。

Loayza，Schmidt-Hebbel 和 Servén（2000）的研究指出，少儿人口抚养系数每增加3.5个百分点，私人储蓄率下降1个百分点。我国学者李宏（2010）、王德文（2004）也得到类似结论。从图2-2中可以看出，我国20世纪80年代实施计划生育政策以来，少儿抚养比大幅下降，这也可能是导致居民储蓄率上升的原因。

图2-1　我国1953—2017年居民储蓄率与老年抚养比

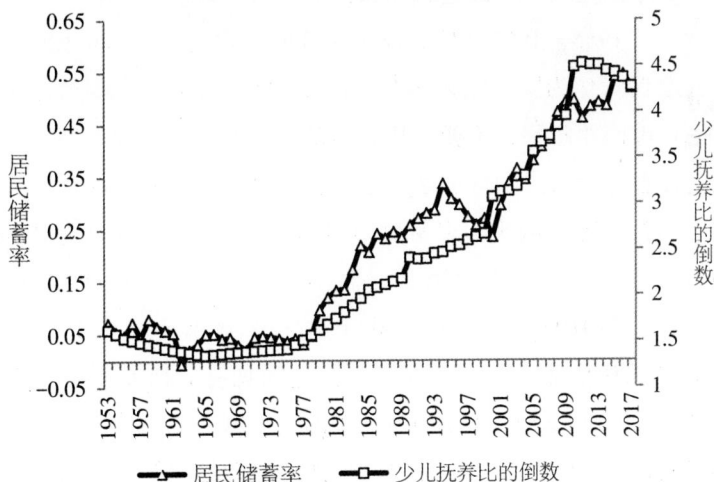

图2-2　我国1953—2017年居民储蓄率与少儿抚养比

（4）预防性储蓄

消费者在最大化其终生效用时，必须考虑由于未来不确定事件而导致的收入和支出变动，由此增加的储蓄称为"预防性储蓄"（Caballero，

1991）。不确定性预期越大，消费者越倾向于高储蓄。在计划经济年代，国家实行收入平均分配制度，居民的养老、医疗和意外事故等费用由企业负担，且经济环境相对稳定，因此由未来不确定性引起的预防性储蓄有限（袁志刚和宋铮，1999）。随着中国改革开放不断深入，住房、医疗、教育、养老、就业制度不断变化，中国居民消费行为在20世80年代早期发生了结构性转变，居民的风险预期增加，基于预防性动机的储蓄增加（万广华，张茵，牛建高，2001）。无论是从全国总体还是分城镇和农村来看，中国居民都存在着较强的预防性储蓄动机，而融资约束、市场化程度等制度因素对居民预防性储蓄动机有显著的正向影响，且农村居民受融资约束的影响比城镇更大（杜宇玮和刘东皇，2011）。刘金全、邵欣炜和崔畅（2003）通过ARCH模型检验了预防性储蓄动机的显著性，表明中国居民储蓄增量中有20%可以用预防性储蓄动机来解释。宋铮（1999）的研究表明未来不确定性既包括未来个人情况的不确定性，也包括未来宏观经济运行情况的不确定性，并以居民收入标准差衡量未来收入不确定性，对1985—1997年数据进行回归，表明未来收入的不确定性是我国居民进行储蓄的主要原因，运用预防性储蓄动机很好地解释了1985—1997年收入增速下降时储蓄仍然高速增长。

而社会保障作为国民收入再分配的重要形式，对于保障居民失业、养老、医疗等问题起到了重要作用，缓解了居民对于未来不确定性的担忧，因此社会保障支出的增加必然会降低居民出于预防性动机而进行的储蓄。中国社会保障缺失可以解释20世纪90年代以来中国城镇居民的储蓄行为及连续多年居民储蓄率居高不下的现象（孟庆平和胡金焱，2008）。李宏（2010）以1979—2008年的相关数据建立VAR模型，结果表明居民储蓄与滞后的社会保障支出之间具有负相关关系，第1、2期滞后的社会保障支出每增加1%，居民储蓄减少0.11%。习哲馨、庚丽娜和张文韬（2007）从社会保障制度改革前后最优储蓄率的对比可看出，我国社会保障制度变迁使居民储蓄率上升了近20个百分点。

（5）利率

标准的经济学分析认为利率对储蓄的影响是不确定的。利率上升对储蓄的影响存在替代效应和收入效应。替代效应的作用使储蓄上升，而收入效应的作用使储蓄下降。张建华和孙学光（2009）认为我国的居民储蓄与利率是正相关的关系。与此相反，Loayza，Schmidt-Hebbel 和 Servén（2000）研究发现，实际利率对储蓄存在显著负影响，实际利率每增加1%，短期储蓄减少0.25%。王鹏和冯新力（2012）通过对我国1978—2011年数据进行简单多元回归，发现实际利率与储蓄反向变动。另外，还有些研究发现利率对储蓄的影响非常微弱，甚至几乎不存在。李焰（1999）对1952—1992年期间我国居民储蓄行为的实证研究也发现储蓄倾向与利率之间的关系是不清晰的，其中1952—1978年利率与储蓄之间存在微弱的负效应，1979—1992年出现不显著的正效应。汪小亚、卜永祥和徐燕（2000）通过对我国1996—1999年间7次利率下调后的储蓄变动研究发现，我国储蓄存款对名义利率和实际利率都无弹性。沈冰和雷珏（2011）利用我国2000—2010年数据构造 VAR 模型，研究发现虽然我国的居民储蓄和存贷利率之间的变化存在长期稳定的关系，但是居民储蓄对存贷利率变化并不敏感。图2-3为我国名义利率与居民储蓄率的变动图。

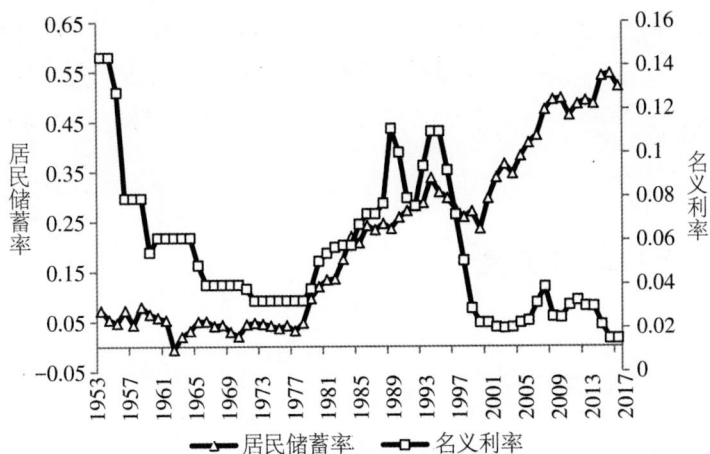

图2-3 我国1953—2017年居民储蓄率与名义利率

（6）通货膨胀率

通货膨胀率是在研究储蓄问题时不可回避的变量之一，通货膨胀率对储蓄的影响也体现出两面性。一方面，高通货膨胀率表明实际利率低，在极高通胀的情况下，甚至会出现负利率，这样会促进人们降低储蓄，增加消费。张建华、孙学光（2009）通过对城乡样本分别研究发现，城镇居民储蓄对通货膨胀率的变化比较敏感，而通货膨胀对乡村居民基本没有影响，且对储蓄增量的影响在我国的养老、医疗、教育、住房、就业等重大制度改革之前很小，但之后影响很大。另一方面，高通货膨胀率会造成产出停滞或衰退，会反映在居民收入上，且高通胀会导致经济不稳定性和资产未来收益的不确定性，人们出于预防性动机考虑，会增加储蓄，以便未来可以很好地生活。樊纲（1991）将通货膨胀预期对居民储蓄行为的影响分为远期和近期影响，他认为近期的通胀预期会导致储蓄减少，而远期的通胀预期会导致储蓄增加。

此外，还有学者指出，城市化、流动性约束、遗赠动机等原因也是影响居民储蓄的重要因素（何新华和曹永福，2006；李杨和殷剑峰，2005；Zeldes，1989；Carroll 和 Kimball，2001；Deaton，1989；裴春霞和孙世重，2004；万广华，张茵和牛建高，2001）。但根据样本选取不同，已有文献对上述影响因素的研究结论并不一致，且这些影响因素都集中在经济、人口结构等外部影响上，忽视了行为主体的心理因素对储蓄行为的影响。此外，研究区间大多集中在改革开放之后，缺乏我国经历政治、经济、文化三重转型前的分析，不能真正找到长久以来影响我国居民储蓄的主要外部因素，同时也忽视了由转型带来的数据结构性变化。

2.3　行为影响因素

2.3.1　心理账户

（1）心理账户的含义、特征及影响因素

人的金融行为能够离开生命本体的心理因素，仅仅遵循传统金融学理性框架下的预期效用理论（EUT）与资本资产定价模型（CAPM）完成吗？1980年，Thaler 提出"psychic accounting"的概念，试图与前景理论（Kahneman 和 Tversky，1979）一起解释沉没成本的存在原因，进而对众多市场非有效现象做出深入的阐释；Kahneman 与 Tversky 于1984

年提出更准确的"心理账户"(mental accounting)表达,这被 Thaler 在 "Mental Accounting and Consumer Choice"(1985)一文中正式使用,自此,心理账户理论便为基于认知情境、思维启发、自我控制等社会心理因素,全面探索人类行为的决策实现过程,开辟了一条科学的理论进路,也使其成为现代金融学研究的基础性论题之一。

心理账户是指人们在心理上对结果(尤其是经济结果)的分类记账、编码、估价和预算等过程,即人们总是根据资金的来源、资金的所在及资金的用途等因素对资金进行归类:一方面,贯穿于家户和个体在金融交易中追踪与估值的过程(Thaler,2008);另一方面,在资产定价、消费决策、储蓄理论等各领域得到了证实。值得注意的是,心理账户特殊的运算规则,并不仅适用于与投资消费等相关的决策,也存在于与时间相关的决策中(Leclerc et al.,1995;Duxbury et al.,2005;Rajagopal 和 Rha,2009)。Leclerc et al.(1995)通过一系列研究发现,消费者对时间的价值判断并不是固定的,而是依赖于决策环境特征,在涉及时间损失的决策环境中,主体的决策行为符合前景理论函数特征。

按照学术研究的问题意识划分,心理账户理论有三方面内容受到了学界广泛关注,第一方面是对决策结果的感受、决策的制定及评估,第二方面是对经济活动的归类过程(包括资金来源、使用,消费类别等),第三方面是心理账户的评估频率。由于心理账户是人类心理活动,可看作人类思维启发法的一种具体表现,属于心理层面研究,因此除了使用宏观经济数据及金融市场数据研究总体行为及偏差之外,主要采用实验法(Moon et al.,1999;Duxbury et al.,2005;Cheema 和 Soman,2006;Sussman 和 Alter,2012)、问卷法(Thaler,1985;Winnett 和 Lewis,1995;Selart et al.,1997)和访谈法(Winnett 和 Lewis,1995)。心理账户与行为金融学中损失厌恶、前景理论、自我控制等紧密相关,它的提出为许多现实中可观察到的非理性决策及感知偏差提供了理论依据,研究心理账户的最主要目的在于,它可以帮助我们深化关于选择心理过程的理解(Thaler,1999)。

心理账户有两个最本质的特征:一是心理账户间的非替代性,即不同账户之间的财富是不能相互替代的;二是特殊的运算规则。可替代性作为传统经济学基本假设之一，认为家庭储蓄决策是在现值约束条件下实现效用最大化的结果，而这个约束假定每一单位财富，无论现在的还是未来的，相互之间都是可替代的。Winnett和Lewis（1995）认为可替代性之所以被违背有两个原因：一是人们不把财富当作可替代的（Shefrin和Thaler，1988；Thaler，1990）；二是由于存在流动性约束（Börsch-Supan和Stahl，1991；Deaton，1989；Carroll和Kimball，2001），人们不能在既定利率水平上无限制借贷。Shefrin和Thaler（1988）提出一个简单的心理账户体系把财富分成三个组成部分：现有可支配收入（I）、现有资产（A）和未来收入（F），三种账户内的财富具有不同的边际消费倾向，当前账户的边际消费倾向接近于1，未来收入账户的边际消费倾向接近于0，而资产账户的边际消费倾向介于二者之间，即$1 \approx \partial C/\partial I > \partial C/\partial A > \partial C/\partial F \approx 0$。研究者使用问卷法，调查圣塔克拉拉大学MBA学生在获取2 400美元财富之后的消费变动状况，2 400美元支付的方式有三种，第一种是每个月支付200美元，第二种是一次性给付2 400美元，最后一种是5年后支付2 400美元，分别对应当前可支配收入、现有资产和未来收入，借此研究三种账户间的边际消费倾向是否具有显著差异。问卷结果显示三种账户的边际消费金额中位数分别是1 200美元、785美元、0，结果支持心理账户对差异边际消费倾向的假设。当然这种三账户划分是对实际心理账户规则的大大简化，一般地，一个更现实的模型将A账户分解成一系列的子账户，并恰当地分类（科林等，2010）。Selart et al.（1997）使用瑞典全国随机抽样2 000个样本及哥德堡大学随机480名学生样本，复制并扩展了Shefrin和Thaler（1988）的实验，不仅考虑当收入增加变化时主体消费变化情况，还考虑收入减少变化时主体消费变动情况，结果发现当收入即时一次性增加时，主体的消费意愿最高，这与Shefrin和Thaler（1988）认为当收入分次增加时主体消费意愿更高不一致。Gale和Scholz（1994）发现储蓄账户具有很好的边际消费倾向，而养老金及个人退休账户的边际消费倾向几乎为零。Keeler et al.（1985）研究发现人们在处理非预期收入和常规工资所得时截然不同，当非预期收入与常规工资所得相比很小时，对非预期收入有较高的边际消费倾向。Arkes et al.（1994）研究发现意外所得（windfall gains）相比于其他类型资产更轻易地被消费，这是因为面对同样数量金钱，意外所得的主观价值更低。当然上述心理账户的分类只是比较简化的一个代表，不同的学者从不同的角度进行分类，但是这些分类之间的差别较大，而且都是根据经验观察得来的，存在较大差异。

心理账户的第二个本质特征是具有不同于经济学的特定运算规则（Heath 和 Chatterjee，1995；Lim，2006）。心理账户的收益与损失核算满足前景理论中价值函数特征，即符合以参照点为原点，呈S形的函数特征。其中，"损失"状态下函数斜率形态更加陡峭，即存在损失厌恶现象。如果在一个账户内存在两个或多个结果，该怎么处理呢？Thaler（1985）认为人们会以尽可能使自己感觉快乐的方式将多个事件结合起来，称作享乐编码假设，考虑价值函数S形特征，人们会拆分收益、整合损失、将小损失与大收益整合、对小收益与大损失具体分析。Lim（2006）通过使用1991—1996年78 000户交易数据检验心理账户的享乐编码假设是否会对投资者交易决策产生影响，数据包含股票、债券、互助基金、存款凭证等300多万条交易记录，将平均买入价格设为参照点，卖出价格低于参照点为损失，反之为收益，研究结果表明投资者更倾向于整合损失，在同一天卖出多只亏损股票。Thaler 和 Johnson（1990）、Linville 和 Fischer（1991）也发现人们倾向于好事件发生在不同时间。

虽然心理账户效应被很多学者证明，但也有一些学者对心理账户存在的普遍性表示质疑，认为心理账户必须在特定条件下才得以存在，且受到其他因素影响。心理账户既决定决策的框架，又决定这些决策结果的体验（Thaler et al.，1997），因此主要影响因素也集中在对这两方面的影响上。

决策框架方面，Moon et al.（1999）认为心理账户存在"门限效应"，他们通过向被试询问是否愿意额外步行20分钟去另一商店购买相同物品，目的是获取一定数额的资金节约，结果发现当节约金额较小（5英镑或10英镑）时，随着节约金额的增加，被试主体的意愿增强，但是当节约金额达到15英镑时，心理账户效应不复存在，个体将做出符合理性经济行为的决策。Duxbury et al.（2005）也认为心理账户效应只存在于一个特定范围中。Rajagopal 和 Rha（2009）研究时间如何在工作账户及非工作账户之间分配，他们通过实验研究发现心理账户在时间决策中也存在一个门限效应，一旦超过一定时间，人们会把时间分配到非工作活动上。而 Heath et al.（1995）把研究重点放在收益与损失的描述形式上，认为对于 10 美元和 500 美元的商品来说，5 美元的折扣的价值是不同的。因此，人们实际上是根据偏离参照点的比例来评估事件的，因为 50% 与 1% 的折扣力度是不同的。在比例框架下，心理账户既有运算规则（整合损失、分离收益）会改变，实验结果说明消费者感知收益和损失会受到偏离的描述方式（绝对值或比例）影响。

决策结果体验方面，Chen 和 Rao（2002）研究发现人们对于好坏事件的感受不同，相比于先坏后好，人们更偏好先好后坏，尽管两种次序在经济上是等价的。通过改变参照点，分别建立先损失后收益、先收益后损失情境下的价值函数，检验次序效应是否存在及事件发生间隔对次序效应强度的影响。通过两个实验研究发现，尽管同一心理账户中的事件发生顺序不能改变个体的经济效用，但是可以改变个体的心理状态，而且随着两个事件发生间隔时间的增加，这种次序效应更加明显。而情绪对心智过程中的支出分类也会产生影响，李爱梅等（2014）以中国大学生为样本，研究发现认知标签与情绪标签对消费都有影响，且存在交互作用，认知标签为意外之财时，消极情绪下的被试更倾向享乐规避行为，积极情绪下的被试更倾向选择享乐消费；而当认知标签为常规收入时，情绪标签对消费类型没有产生影响，无论在积极情绪还是消极情绪条件下，被试都倾向选择实用消费，而这可能是由中国人对常规收入（"血汗钱"）使用的传统观念造成的。Cheema 和 Soman（2006）通过实验研究发现在模糊条件下，心理账户过程是具有延展性的，在将花费分类到账户过程中是具有灵活性的，研究证明消费者可以灵活地将支出分类、构建账户，进而完成他们自己想做的事而不是应该做的事，由此心理账户的自我控制作用受到了挑战。Prelec 和 Loewenstein（1998）提出双通道心理账户模型，认为收益与损失应在不同的账户中体现，且根据决策结果的时间分布，两通道之间的相互影响方式不同。

（2）心理账户的应用

心理账户的应用领域非常广，不仅为家庭投资决策提供新视角，也为一些市场异象提供了解释。此外，心理账户在消费、会计等领域也有很好的应用。

传统家庭金融涉及两大模型——生命周期与投资组合，引入心理账户之后，形成行为生命周期模型（Shefrin 和 Thaler，1988）与行为投资组合模型，对实际问题的解释力更强。

Thaler 和 Benartzi（2004）发现在美国养老金制度由待遇确定计划（DB）转为缴费确定计划（DC）转变过程中，许多雇员选择不参加或者以低于生命周期模型揭示的储蓄率比例进行缴纳，很多学者称之为美国储蓄之谜。Hu 和 Scott（2007）认为心理账户可以为此提供很好的解释，无论是美国政府提供的 401（k）计划还是个人退休账户（IRAs），雇员会倾向于将年金从其他退休消费中分离出来，单独形成一个账户，且雇员会将这个账户看作是基于自己寿命的赌博，如果未来收入的现值大于初始投资则是收益，反之为损失，进而采用累积前景理论（CPT）分析。而 Benartzi 和 Thaler（2007）则认为雇员基于心理账户将已经积累在养老金计划中的资金看作"旧有资金"，将还未缴纳的称作"新进资金"，而出于损失厌恶不愿意改变已有的计划。分析美国 IRAs 资金来源可以发现，IRAs 与非 IRAs 储蓄及债务之间存在显著的相关关系（Gale 和 Scholz，1994），结果与心理账户所揭示的储蓄账户具有高边际消费倾向，养老金与 IRAs 具有接近于 0 的低消费倾向一致（Thaler，1994）。Benartzi 和 Thaler（2001）进一步研究 DC 计划中雇员投资策略是否简单遵从多样化分散原则，即 1/n 策略，研究发现，如果公司在 DC 计划中提供本公司股票，那么雇员会将约 42% 的资金投资于本公司股票，而剩余资金遵循平均分散原则投资于其余股票和固定收益证券，而不是将大约 8% 的剩余资金投资于其他股票，进而达到股票总投入额与固定收益证券平均分配，这说明雇员在 DC 计划中倾向于将本公司股票单独列为一个账户，与其他股票区别对待，从另一个角度阐述了心理账户的存在。

在金融交易领域，最核心的心理账户问题体现在截面（有价证券以单独形式评估还是以组合形式评估）和跨期（评估频率）两方面。引入心理账户后，Shefrin和Statman（2000）建立行为投资组合理论（BPT），该理论认为与均值–方差投资者和CAPM投资者不同，BPT投资者选择时则考虑预期财富、安全性及潜力、抱负水平及达到预期的可能性。他们将投资者分为单一心理账户（BPT-SA）与多重心理账户（BPT-MA），BPT-SA投资者将他们的证券投资组合整合为单一的心理账户，而BPT-MA投资者则将他们的证券投资组合整合为多个心理账户，并分别对每个账户的风险与收益进行权衡。每个子账户都基于均值–方差进行投资组合构建，然而针对不同账户，投资者风险厌恶系数不同，进而设定不同的投资目标，因此加总的子账户投资组合与单一账户投资者的投资组合并不一致，但仍处于市场有效前沿（Das et al.，2010）。若考虑背景风险，那么加总的投资组合将偏离市场有效前沿（Baptista，2012）。在资产定价方面，Barberis和Huang（2001）将心理账户引入资产定价模型，假设两种经济状态，一种是对投资组合中个股的波动，即个股账户（individual stock accounting）表现出风险厌恶，另一种是对投资组合总价值，即组合账户（portfolio accounting）表现出风险厌恶，分别探讨两种偏好下的均衡价格，发现第一种经济状态能更好地解释更多实证现象，且第一种情况下存在更高的、可通过多因素模型获取的价值溢价。

自20世纪70年代法玛提出有效市场假说以来，很多学者对其有效性进行实证检验。在检验过程中，发现诸多标准金融学无法解释的市场异象，而心理账户的提出为某些市场异象提供了合理的解释，如处置效应、动量效应等。Grinblatt和Han（2005）认为心理账户与前景理论导致投资者存在处置效应，即过早地卖出盈利股票，过长时间持有亏损的股票，这使得资产偏离均衡价格，进而导致对信息反应不足。基于股票是处于收益还是损失状态，PA/MA投资者对一些股票表现出风险厌恶，而对另一些股票表现出风险寻求。他们运用纽约证券交易所和美国证券交易所1962—1996年周数据进行模型回归检验，借以寻求能获取动量效应策略收益的变量。G&H模型的关键之处在于揭示了资本超额收益对于收益的预测性，而Bhootra和Hur（2012）也通过检验纽约证券交易所和美国证券交易所个股数据，发现资本超额收益的解释力在价格非协整股票组里更加显著，而在价格协整组里，如果向协整均衡价格调整的速度较慢，那么资本超额收益也具有一定预测作用，且在考虑公司规模、账面-市值比、过去收益、特异波动性、分析者收益预测离差、成交量、个体投资者所有权、行业回报率等因素后，结果依然稳健。而Frazzini（2006）使用1980—2002年互助基金数据，建立投资者整体持股参照价格的时间序列，借以检验投资者是否由于处置效应而导致对新消息反应不足，并进一步导致未来收益的可预测性及公告发布后的价格变动。他们认为价格模式取决于新消息的好坏及投资者的参照价格，如对好消息的反应不足，则导致存在未实现收益的股票在后期具有高收益，因此存在可预测的价格正向变动。由以上研究可以看出，心理账户和前景理论对于解释资产定价的动态过程和截面股票收益是很重要的，如果可以通过构建模型进而实现未来收益预测，这无疑是对有效市场假说的一大挑战。而短视的损失厌恶投资者在面对不确定投资时，相比于那些已经公告已知风险的项目，反而更愿意投资那些风险状况不明的，这种通过假装风险不存在来回避风险的行为被称为"鸵鸟效应"，与心理账户价值评估的频率紧密相关（Galai和Sade，2006）。

心理账户的另一重要应用是在消费领域，因为一方面心理账户会导致心智约束（Arkes et al.，1994；Heath，1995；Thaler，1999），进而实现自我控制（Thaler和Shefrin，1981；Krishnamurthy和Prokopec，2010）；另一方面由于心理账户设定的灵活性及主观性（Cheema和Soman，2006），会导致不同心理感受，影响理性消费决策。Heath和Soll（1996）认为消费者总是对不同消费种类分别设置预算，通过三个实验说明为消费设定标签及进行支出追踪可以更好地解释消费不足问题，且心智预算引入增加传统消费理论的预测性。Janakiraman et al.（2006）通过两个实验证明，当消费者发现欲购买商品有一个巨大折扣时，他们会感觉收到一笔意外之财，而意外之财更易被消费（Arkes et al.，1994），因此非预期的价格折扣会提高对其他商品的消费。然而，与非预期的负向价格变动相对应，非预期的价格上涨会提高整体的消费水平，且心理账户的存在，使得消费者面临必要商品非预期数量变动时，也会增加或减少其他商品的消费，进而产生溢出效应。而优惠券作为最容易被划分进意外之财的促销手段之一，确实可以提高消费者消费水平，Milkman 和 Beshears（2009）通过研究北美一家网络商店 2005 年 1—12 月面板数据，发现相对于没有收到优惠券的情况，收到 10 美元优惠券的人总消费更多，平均多 1.59 美元，且会消费原本不会购买的商品，Heilman et al.（2002）也得到类似结论。Sussman 和 Alter（2012）把研究转向普通商品和特殊商品（不经常使用及购买的商品），通过 5 组实验证明了消费者对于特殊和普通商品存在不同的心智过程，且在对特殊商品进行归类时也存在困难，进而会影响对商品的定价预测和消费，导致定价过低和消费过度。

此外，心理账户在贷款决策、置换消费、管理会计等领域也都有重要影响（Okada，2001；Ranyard et al.，2006；Zhu et al.，2008；Lipe，1993）。

（3）我国研究现状

我国学者对心理账户的研究起步较晚，大多集中在宏观数据检验，尤其是不同来源收入的边际消费倾向检验。李敬强和徐会奇（2009）利用全国 31 个省、自治区、直辖市 1997—2006 年的面板数据，认为在农村居民收入来源发生改变时，工资性收入取代家庭经营性收入成为拉动农村居民消费的主要动力，财产性收入对消费的影响不显著，转移性收入则具有乘数效应。方福前和张艳丽（2011）采用 GMM 估计，发现城乡居民不同收入来源的边际消费倾向存在着显著差异，城镇居民的工资性收入和经营性收入的边际消费倾向强于转移性收入和财产性收入的边际消费倾向，恰好与农村居民的情况相反。侯石安和赵和楠（2012）使用面板固定效应模型得到类似结论。

微观数据方面，孙凤和丁文斌（2005）通过 Logit 模型，分析了五类财产账户（日常生活账户、积累性账户、投资性账户、计划性账户与预防性账户）与影响因素之间的数量关系，但该文虽然从一定程度上刻画出心理账户的某些特征，由于其调查对象年龄分散且研究内容有限，还不能全面地、细致地表现中国居民在收入、支出及存储方面的心理账户特征。李爱梅等（2007）关注中国人心理账户的内隐结构，研究认为中国人的心理账户系统有一个相对稳定的 3-4-2 分类结构。收入账户分为工作相关的常规收入、非常规的额外收入和经营收入三个账户，开支账户分为生活必需开支、家庭建设与个人发展开支、情感维系开支和享乐休闲开支四个账户，存储账户分为安全型保障账户和风险型存储账户两个账户。

陈庭强等（2012）致力于构建证券投资者多心理账户交互作用下证券投资组合的风险度量模型，研究发现：投资者心理账户之间的替代性越强或越弱，均使得投资组合的风险增强。杨屹和钱进宝（2007）使用网络拍卖数据，分析了网上拍卖中竞买者心理账户的变化过程，借以研究不同起拍价及其加价额度对竞买者违约率的影响。李爱梅和凌文辁（2009）以心理账户独特运算规则及基本特征为理论基础，通过三组实验进行薪酬激励相关研究，研究重点分别是预期参照点、得失强度与价值形式，并通过心理账户运算规则加以解释，试图为薪酬激励管理提供基础性依据。

综上可知，虽然国外学者针对心理账户及其应用进行了丰富研究，但我国的心理账户研究仍停留在起步阶段，缺乏系统、全面的研究，尤其缺乏心理账户在储蓄及消费领域的证实以及应用。因此，本研究考虑以城镇、农村两个样本，分别从宏观、微观两个方面，对心理账户在我国的适用性及我国城镇、农村居民的心智特征进行深入的研究并进行异同分析，试图从收入来源角度对我国高储蓄现状及城乡差异进行解释。

2.3.2 前景理论

（1）前景理论的内容及应用

传统经济学假设理性人总可以根据已知信息权衡各种决策结果，并根据效用最大化原则做出最终决策，即决策主体的行动遵循预期效用理论。在预期效用理论中，决策主体在明确自身偏好的前提下，首先估计事件发生的概率分布，然后预期决策后果，做出最终决策，在整个过程中决策者的偏好是固定不变的。预期效用理论假定每个决策主体都有一个效用函数，假设选择共有 N 种结果，记为 X_1，X_2，X_3，…，X_N，每种结果发生的概率为 P_1，P_2，P_3，…，P_N，$P_1+P_2+P_3+\cdots+P_N=1$，那么期望效用函数可以表示成：期望值=$X_1 \cdot P_1+X_2 \cdot P_2+X_3 \cdot P_3+\cdots+X_N \cdot P_N$，以此方法可以确定每种选择的期望值，并通过比较，理性决策者会选择期望值最大的选择，具体过程可表示为图2-4[①]。预期效用理论是风险下决策制定的主流分析方法，同时作为个人决策的标准理论和博弈论的核心组成部分，被认为是理性决策的标准模型。然而，预期效用理论的成立有几个重要前提，如决策主体偏好一致性，可获知全部选择后果及概率分布等，这在实际决策中是难以达到的，预期效用理论难以解释为什么决策描述方式会改变个体决策，也不能解释为什么个体会在某些选择中表现出风险规避，而在另一些选择中表现出风险寻求。Kahneman 和 Tversky 把这归因于人类的两种缺点：一是情绪经常破坏了理性决策必不可少的自我控制能力；二是人们经常无法完全理解他们所遇到的问题，即心理学家认为的认知困难。

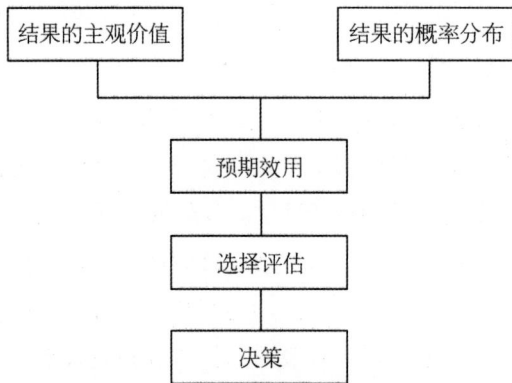

图2-4 预期效用决策过程

1979年，Kahneman 和 Tversky 提出前景理论（Prospect Theory），他们通过一系列实验，发现了决策主体在决策过程中体现出偏离理性决策的倾向及特征，认为前景理论可以很好地解释预期效用理论失效的异象。前景理论涉及两个函数，即价值函数和决策权重函数，分别对应预

① Burton S，Babin L A.Decision-framing helps make the sale ［J］. *Journal of Consumer Marketing*，1989，6（2）：16.

期效用理论中的效用函数及主观概率模型。根据前景理论，人们对风险的态度不只是由效用函数决定，而是由价值函数和权重函数联合决定，可用公式表达为 $V = \sum_{i=1}^{n} \pi(p_i) v(x_i)$，其中 $\pi(p)$ 为决策权重，是一种概率评价性的单调增函数，$v(x)$ 为价值函数，是决策者主观感受所形成的价值。

具体来说，价值函数有三个主要特征：①价值的载体是财富或福利的改变而不是它们的最终状态，并以对参照点的偏离程度为标准，向两个方向偏离呈反射形状。相比于预期效用理论中关注总财富水平，Thaler（1999）认为风险决策不仅需从潜在结果的总财富水平判断，更多时候是人们心理账户评估的结果，即更关注价格相对于参照点的变化状况。②价值函数在参照点之上是凹的，体现风险回避，即在确定性收益与非确定性收益中偏好前者；在参考点之下是凸的，体现风险寻求，即在确定性损失与非确定性损失中偏好后者，且对于收益和损失都是敏感性递减的。这符合人类心理，在10元基础上财富增加100元，与在10 000元基础上增加100元，带给人们的心理感受并不相同。③损失厌恶，即价值函数对财富变化的态度是损失的影响要大于收益，损失一笔钱所引起的烦恼要大于获得同样数目的一笔收入带来的快乐，即收益的变化的斜率小于损失变化的斜率，这很好地解释了当收入减少时，主体对消费调整力度更强的原因（Selart et al.，1997），损失厌恶可以模型化为 $u'(x) < u'(-x)$。因此，价值函数的形态可刻画如图 2-5 所示。

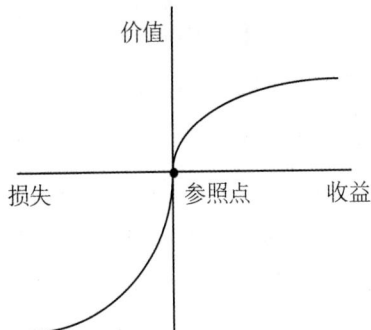

图2-5　前景理论价值函数

预期效用理论认为一个不确定性期望的价值可以通过将各个水平的可能结果按照它们出现的概率加权求和得到，然而，心理学证据却表明，总效用并不是关于概率的线性函数。从不可能事件到可能事件，或者从可能事件到确定性事件的变化所产生的作用大于一个可能性事件到另一个可能性事件的同等变化而产生的作用，即决策权重存在"类别边际效应"（category boundary effect）。在前景理论中，每一结果的价值都被乘以一个决策权重，决策权重是由预期的选择中推断出来的。但决策权重并不是客观概率，但与客观概率相联系，决策权重 π 是客观概率 P 的一个非线性函数，$\pi(0) = 0$，$\pi(1) = 1$，即忽略不可能事件的偶发性结果并且度量是标准化的，$\pi(p)$ 是概率 P 的权重与确定性事件的权重的比率。图 2-6 表示了相对于客观概率 P 的决策权重 $\pi(p)$。

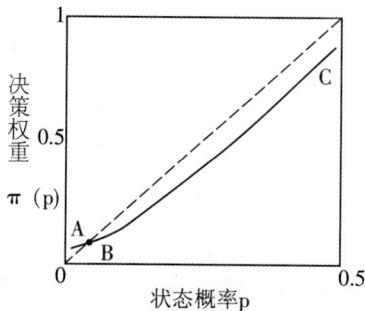

图 2-6 前景理论权重函数

权重函数呈倒"S"形，对于单一值 $p = p^*$（对应图 2-6 中 B 点），有在 p^* 值之下为凹，在 p^* 值之上为凸，因此低概率事件（p^* 之下）被高估。权重函数具有以下特点：①小概率事件的高估及其劣可加性。小概率的事件常常被高估，对应图 2-6 中 AB 段在 45°线之上，$\pi(p) > p$。对小概率事件的高估，会放大对小概率获利事件的预期，这样就增加了小概率损失事件的厌恶程度，因此，人们通常在对待不可能的盈利时表现出风险寻求，在对待不可能的损失时表现出风险厌恶。②次确定性，即各互补概率事件决策权重之和小于确定性事件的决策权重，$\pi(p) + \pi(1 - p) \leqslant 1$。③次比率性，当概率比一定时，大概率对应的决策权重的比率小于小概率对应的权重比率。④端点性质不良，逼近确定性事件的边界，属于概率评价中的突变范围，决策权重常常被忽视或放大。Kahneman 和 Tversky 指出这种高估小概率事件的现象可以解释为什么个体会同时接受保险和赌博两种活动。

前景理论将决策过程分为两个阶段，即前期的编辑阶段和随后的估值阶段。在第一个阶段中，前景通过各种各样的决策启发式来"编辑"，得到前景的简化表现形式；在第二个阶段中，决策主体对已被编辑过的前景进行评估，并进行选择，偏好函数可以由简单的决策权重效用形式加以表达。其中，编辑阶段主要包括以下过程：

① 编码。决策主体并不看重财富的最终状态，而是根据参照点将选择结果划分为"收益"或"损失"。然而，参照点的设定以及对收益或损失的编码过程都可能受到给定前景或决策主体的期望影响。

② 整合。通过将决策结果与概率结合对前景进行简化，如前景（200，0.25；200，0.25）可以简化为（200，0.5）。

③ 分离。将无风险部分与风险部分分离，如（300，0.8；200，0.2）可以表示为确定性可得的 200 与风险前景（100，0.8）。

④ 相抵。决策主体将两个选项中共有的组成部分忽略。

⑤ 简化。通过约略概率或结果对期望进行修改。

⑥ 占优检查。检查所有给定的期望选项以删除那些被另一个选项完全占优的选项，这样被删除的选项就不用进一步估值，从而简化决策。

编辑阶段之后，决策者对期望进行估值并进行选择。被编辑期望的全部价值 V，用两个主观量度 π 和 v 来表达。对于一个一般性期望（x，p；y，q），价值 $V(x, p; y, q) = \pi(p)v(x) + \pi(q)v(y)$，如果 $p + q = 1$，且 $x > y > 1$ 或 $x < y < 0$，那么 $V(x, p; y, q) = v(y) + \pi(p)\big[v(x) - v(y)\big]$。前景理论下决策过程可由图 2-7 表示。

由上可知，前景理论与预期效用理论的差异主要体现在两个方面：第一，与预期效用理论不同，在前景理论中，决策者并不关注财富的绝

```
                  ┌─────────────┐      ┌─────────────┐
   ┌──            │  个体差异变量  │      │   情境变量    │
   │              └──────┬──────┘      └──────┬──────┘
编辑│                    └───────────┬─────────┘
阶段│                         ┌──────┴──────┐
   │                         │   选择编码    │
   │                         └──────┬──────┘
   │                         ┌──────┴──────┐
   └──                       │   决策框架    │
                             └──────┬──────┘
   ┌──                       ┌──────┴──────┐
评估│                         │   选择评估    │
阶段│                         └──────┬──────┘
   │                         ┌──────┴──────┐
   └──                       │    决策      │
                             └─────────────┘
```

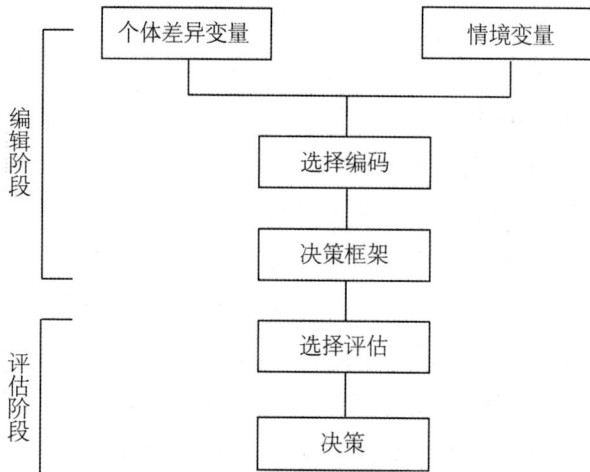

图 2-7　前景理论决策过程[①]

对水平，而是关注决策带来的收益相对于参照点的变化水平。第二，前景理论中通过设定价值函数与权重函数，取代预期效用理论中的效用函数与概率函数。前景理论是基于对行为的观测，而预期效用理论则是基于假设公理之上（Newman，1980）。前景理论从行为心理学的角度分析人的决策问题，充分考虑了心理因素对决策的影响，其核心是人在面对未来的不确定性进行决策时不能始终保持完全理性。丁际刚和兰肇华（2002）认为人在决策过程中存在四个方面偏差：第一，同一问题在不同的框架下，人们显示出不同的偏好，这种偏好的偏移与决策的不一致虽然不是全部的，但它是有实质性影响的；另外，它不仅在人的投资决策过程中存在，还发生于人的非经济判断行为之中。第二，人们通常并不知道其他的替代性的问题框架以及它对人的偏好与选择的潜在影响，人们希望自己的决策与问题的框架无关。第三，大部分人受记忆和可利用信息的限制，往往以偏概全。第四，直观推断、价值函数与权数函数的非线性是偏好偏移与决策不一致产生的技术性原因。因此，前景理论可以解释很多传统预期效用理论不能解释的现象，包括处置效应、向下的劳动力供给曲线、非对称价格弹性、对坏消息反应不足等。

然而，Newman（1980）提出，尽管根据 Kahneman 和 Tversky 的描

---

① Burton S, Babin L A. Decision-framing helps make the sale [J]. *Journal of Consumer Marketing*, 1989, 6 (2): 18.

述，前景理论能够很好地解释决策主体同时接受保险和赌博两种风险态度截然不同的活动，但是实际上很难将复杂的赌博融入模型之中。Tversky 和 Kahneman（1992）发展了他们的前景理论，允许对正负组成部分赋予不同的决策权重函数，因此更具一般性，称之为累积前景理论。这种改进通过引入累积的决策权重，解决了前景理论中权重函数接近 0 和 1 时可能出现的模糊性问题，但仍暗含敏感性递减和损失厌恶两个原则。Gonzalez 和 Wu（1999）运用权重函数，将时间因素的影响加入到 CPT 的分析中，研究发现延时产生的不确定性往往能够解决众多选择性决策问题，进而建立一个依靠时间节点的权重函数模型。Prelec（1998），Diecidue 等人（2009）通过改变权重函数形式进一步发展了该理论。

（2）损失厌恶

前景理论的原始形式及后来的演变形式很好地刻画了由于决策主体的主观心理因素导致的决策过程，其中最核心的内容之一就是损失厌恶现象，即主体面对同样数量的收益与损失时，损失带来的冲击更加明显，这种不对称性在价值函数形态上体现为，与参照点之上（收益区域）函数相比，参照点之下（损失区域）函数更为陡峭。Kahneman 和 Tversky 通过引入损失厌恶系数，进而将价值函数进行分段，指数形式函数可表示为：

$$V(x) = \begin{cases} x^{\alpha}, & x \geqslant 0 \\ -\lambda(-x)^{\beta}, & x < 0 \end{cases}$$

其中，α 和 β 均小于 1，表示敏感性递减，λ 为损失厌恶系数，表示损失区域比收益区域更加陡峭的特征，$\lambda > 1$ 表示损失厌恶。经验估计得到损失厌恶系数在 2 左右，这意味着放弃 1 单位财富给人们带来的负效用可能是得到该物品的正效用的 2 倍（Tversky 和 Kahneman，1992；Kahneman，Knetsch 和 Thaler，1990）。

损失厌恶现象在不同研究中得到证实，Casey（1994）以 114 名大学生为实验主体，通过对决策主体购买彩票支付的最大价格来研究前景理论中整合和分离因素，结果发现购买者深受损失厌恶影响。Benartzi

和Thaler（1995）在损失厌恶假设下研究股权溢价问题，认为如果投资者经常性地评价他们的投资组合，损失厌恶就会令很大一部分投资者放弃股票投资的长期高回报率。Rosenblatt-Wisch（2008）将损失厌恶引入随机最优增长模型，并用实际数据对欧拉方程进行实证检验，运用GMM方法估计非线性欧拉方程，结果发现在宏观经济时间序列数据中存在损失厌恶现象。

随着神经元经济学的发展，损失厌恶现象不单单停留在心理学实验结果归纳层面，而是有了坚实的神经元基础。Camerer（2005）提出双重系统理论，认为人们对损失的厌恶主要源于情感系统战胜了理性思考系统。Sokol-Hessner et al.（2009）使用皮肤电传导（skin conductance）方法，研究被试者面对等额收益与损失的导电强度差异。研究发现，相比于1美元的收益，1美元的损失带来的皮肤导电强度更强，这与损失厌恶理论保持一致。针对大脑各区域功能的研究表明，边缘皮质层（limbic cortical）与旁边缘皮质层（paralimbic cortical）结构中含有丰富的多巴胺神经，对预期与反馈非常敏感，与此相对应，额顶叶（fronto-parietal）区域控制与理性思考相关（McClureet et al.，2004）。在McClureet et al.（2004）的fMRI研究中，面对一系列决策问题，被试者被要求在小额的近期奖励与大额的远期奖励之间做出选择，研究发现当额顶叶区域比边缘区域的活动更加剧烈时，预示着被试者会选择大额的远期奖励。Tom et al.（2007）认为如果损失可以引发人类负面情绪，那么损失的大小应该和与负面情感相关的脑区（如扁桃体、前岛等）活化强度呈正相关关系，而这在他们的实验中没有被证实，但这可能是由于实验中设定的奖励金额浮动范围过小，因此不足以引发可观测的扁桃体反应（De Martino et al.，2010）。

（3）我国的研究现状

由于我国行为金融学研究仍处于起步阶段，因此针对前景理论的研究相对有限，主要集中在以下几个方面：一是纯理论研究，施海燕和施放（2007）对前景理论与期望效用进行比较研究，边慎和蔡志杰（2005）探讨价值函数和期望效用函数的相同和不同之处，认为价值函数是效用函数的一个特例，研究证明只要决策权重之和满足代数结合律公理，不论其是否等于1，必然可以推出决策权重等于客观概率，由此便得出价值函数的表达式与期望效用函数的表达式一致。二是前景理论的应用，何国华和袁仕陈（2010）利用前景理论及其扩展研究不同货币政策下人们的行为选择及其变化，结果表明：不同的货币政策下，收入水平和边际利得的不同会促使人们相应地调整参考点和权重，使总价值函数处于不同的位置（税收和通胀也都对参考点和总价值具有重要的影响），使人们呈现出不同的风险偏好，并采取不同的应对措施，从而导致了货币政策的非对称性。曾进（2009）对我国企业风险倾向进行了研究，发现前景理论的预测与我国企业行为并不完全相符。业绩高于目标水平的企业，并没有表现出风险规避或是风险厌恶；而业绩低于目标水平的企业，却表现出非常强烈的冒险倾向。三是前景理论的实证检验，孔东民（2005）使用我国1980—2003年年度数据，以城镇居民为样本，对前景理论进行验证，研究发现我国城镇居民消费存在损失厌恶现象，但并不存在明显的流动性约束和短视行为。但由于该文使用年度数据，样本量过小，因此在工具变量选取上并未能如Shea（1995）及Drakos（2002）等的研究一样选取多阶滞后项作为有效工具变量，且参照点选取并未选取上期收入 y_{t-1}，而是选取上期收入的变动 Δy_{t-1} 作为判断当期状态的参照点，与前景理论原始研究不符。

综上所述，我国学者对前景理论的研究虽然取得了一定进展，但是对于前景理论在宏观及微观层面的检验并不充分，对于前景理论在居民储蓄问题方面的应用也比较有限。考虑到前景理论价值函数中损失厌恶现象应用比较广泛，且可以通过函数进行刻画，因此本研究通过宏观、微观两个层面数据，重点对前景理论中损失厌恶现象进行检验，进一步为前景理论在我国的适用性提供新的实证证据，并试图运用前景理论来解释我国高储蓄现象和城乡消费差异。

3 居民储蓄问题基本分析

传统居民储蓄的研究是在以理性人为基础假设的理论框架下进行的,重点研究经济增长、人口结构、社会保障、通货膨胀和利率等非个体因素对居民储蓄的影响,虽然已有很多学者对此进行研究,但所得结论不一,且研究区间主要集中在改革开放之后。本章在重新估算我国1953—2017年居民储蓄率的基础上,在超长样本区间内考察我国居民储蓄的长期均衡和短期波动,借以考察中华人民共和国成立以来长久影响居民储蓄的因素,并充分考虑到体制结构转变的影响,进而进行我国居民储蓄的结构性检验并分析原因。

3.1 重估居民储蓄率

对我国居民储蓄问题的影响因素研究的前提是测算出真实的居民储蓄率。一般来说,居民储蓄的计算通常直接选取居民储蓄存款余额(周英章、李义超和金戈,2001),或通过可支配收入减去消费间接得到(汪伟,2008;谢勇,2011)。但由于居民储蓄存款只是居民储蓄中的一部分，且随着金融市场的发展，金融类储蓄的比重日益上涨，因此居民储蓄存款无法完全代表居民储蓄。另外，消费的度量存在多种标准，一般的统计口径中仅包含基本生活支出（仅包括非耐用品和服务消费），而相对宽泛的口径则包含耐用品消费，这导致计算出的居民储蓄相差甚远，以这类数据为基础的相关分析缺乏准确性及说服力。因此，本研究考虑采用 Modigliani 和 Cao（2004）的方法测算我国 1953—2017 年的居民储蓄率，即由流通中的现金、储蓄存款、债券及个人固定资产投资之和构成[①]，而居民收入=居民储蓄+居民消费，这样根据居民储蓄形式进行储蓄的核算，是比较直接且准确的（见表3-1）。由于源数据中，流通中现金以及储蓄存款是累积值，因此通过相邻两年相减获取年度数值，再加上当年国债的发行量及个人固定资产投资获取最终居民储蓄数值。居民储蓄和居民收入都以消费者物价指数（1952=100）进行平减得到实际值，数据来源于各年度《中国统计年鉴》、《中国固定资产投资统计年鉴》和《新中国60年统计资料汇编》。

表3-1　　　　　我国1953—2017年居民储蓄

年份	居民储蓄（亿元）	居民收入（亿元）	居民储蓄率	CPI（1952=100）	实际居民收入（亿元）	实际人均居民收入（元）
1953	41.50	570.70	0.0727	105.11	542.96	92.35
1954	31.80	581.80	0.0547	106.58	545.88	90.58
1955	30.10	632.70	0.0476	106.93	591.72	96.27
1956	51.00	697.80	0.0731	106.84	653.13	103.95
1957	31.80	718.40	0.0443	109.61	655.41	101.37
1958	63.00	787.00	0.0801	108.40	726.03	110.01
1959	48.20	739.40	0.0652	108.74	679.94	101.17
1960	45.80	787.50	0.0582	111.52	706.18	106.66
1961	45.90	862.60	0.0532	129.52	665.98	101.12

① 由于特定时期债券和个人固定资产投资的数据不可获得，所以1953—2000年居民储蓄的数据取自 Modigliani 和 Cao（2004），2001—2017年的数据则是笔者按照 Modigliani 和 Cao 的方法进行测算的。

续表

年份	居民储蓄（亿元）	居民收入（亿元）	居民储蓄率	CPI（1952=100）	实际居民收入（亿元）	实际人均居民收入（元）
1962	-5.30	833.40	-0.0064	134.46	619.82	92.10
1963	17.20	861.40	0.0200	126.49	680.98	98.45
1964	29.10	918.70	0.0317	121.82	754.16	106.97
1965	50.70	1 002.20	0.0506	120.35	832.76	114.80
1966	54.90	1 076.00	0.0510	118.87	905.16	121.43
1967	46.90	1 128.40	0.0416	118.10	955.50	125.12
1968	49.40	1 126.00	0.0439	118.18	952.77	121.32
1969	34.40	1 162.10	0.0296	119.31	974.04	120.74
1970	24.90	1 231.70	0.0202	119.31	1 032.38	124.39
1971	59.20	1 321.20	0.0448	119.22	1 108.20	130.03
1972	66.50	1 400.70	0.0475	119.39	1 173.18	134.57
1973	68.40	1 500.90	0.0456	119.48	1 256.19	140.81
1974	64.00	1 531.00	0.0418	120.26	1 273.08	140.12
1975	57.90	1 586.40	0.0365	120.78	1 313.47	142.12
1976	70.20	1 658.70	0.0423	121.13	1 369.41	146.12
1977	53.60	1 701.40	0.0315	124.42	1 367.51	143.99
1978	87.60	1 846.70	0.0474	125.28	1 474.04	153.13
1979	213.90	2 219.30	0.0964	127.62	1 739.00	178.28
1980	316.00	2 633.10	0.1200	137.23	1 918.76	194.39
1981	401.30	3 005.40	0.1335	140.69	2 136.15	213.46
1982	449.10	3 317.00	0.1354	143.55	2 310.70	227.31
1983	671.20	3 853.70	0.1742	146.41	2 632.18	255.53
1984	1 036.00	4 710.50	0.2199	150.39	3 132.20	300.14

续表

年份	居民储蓄 （亿元）	居民收入 （亿元）	居民 储蓄率	CPI （1952=100）	实际居民 收入（亿元）	实际人均居民 收入（元）
1985	1 199.40	5 788.40	0.2072	164.42	3 520.59	332.60
1986	1 649.50	6 824.50	0.2417	175.06	3 898.27	362.61
1987	1 811.60	7 772.80	0.2331	187.88	4 137.14	378.51
1988	2 489.50	10 122.60	0.2459	223.12	4 536.90	408.63
1989	2 624.40	11 147.90	0.2354	263.29	4 234.08	375.68
1990	3 168.90	12 282.10	0.2580	271.52	4 523.54	395.65
1991	3 835.00	14 150.90	0.2710	280.69	5 041.42	435.27
1992	4 868.50	17 328.30	0.2810	298.70	5 801.21	495.11
1993	6 313.40	21 995.80	0.2870	342.60	6 420.31	541.72
1994	10 813.50	32 043.50	0.3375	425.11	7 537.73	628.93
1995	12 027.20	38 971.70	0.3086	497.84	7 828.23	646.31
1996	13 568.10	45 720.40	0.2968	539.13	8 480.34	692.90
1997	13 155.60	48 010.20	0.2740	554.29	8 661.63	700.63
1998	12 881.70	49 802.80	0.2587	549.87	9 057.19	725.96
1999	14 571.10	53 905.50	0.2703	542.16	9 942.65	790.44
2000	13 218.60	56 130.50	0.2355	544.33	10 311.87	813.60
2001	20 779.67	70 215.53	0.2959	548.14	12 809.81	1 003.69
2002	27 190.89	80 247.46	0.3388	543.72	14 758.89	1 148.97
2003	33 175.30	90 825.11	0.3653	550.22	16 507.16	1 277.38
2004	34 464.50	99 682.98	0.3457	571.69	17 436.6	1 341.40
2005	44 991.59	117 950.30	0.3814	581.99	20 266.68	1 549.96
2006	56 891.57	139 467.02	0.4079	590.74	23 609.03	1 796.07
2007	70 502.84	166 835.34	0.4226	619.13	26 946.56	2 039.41

续表

年份	居民储蓄 （亿元）	居民收入 （亿元）	居民 储蓄率	CPI （1952=100）	实际居民 收入（亿元）	实际人均居民 收入（元）
2008	100 529.63	212 200.03	0.4737	655.67	32 363.8	2 437.00
2009	120 635.39	244 220.01	0.4940	651.08	37 509.91	2 810.78
2010	138 770.29	279 528.94	0.4964	672.57	41 561.5	3 099.50
2011	145 374.99	314 331.62	0.4625	708.89	44 341.66	3 291.03
2012	178 991.66	369 415.43	0.4845	727.32	50 791.56	3 751.11
2013	205 832.45	418 309.75	0.4921	746.2269	56 056.65	4 119.63
2014	223 233.70	459 472.20	0.4858	761.1514	60 365.42	4 413.26
2015	306 966.19	567 168.59	0.5412	771.8075	73 485.76	5 345.90
2016	347 171.00	635 839.20	0.5460	787.2437	80 767.78	5 841.27
2017	347 150.23	667 839.73	0.5198	799.8396	83 496.71	6 006.61

3.2 研究设计及变量选取

通过第2章的文献梳理，本研究最终选取六个变量作为自变量，并结合重新估算的居民储蓄率数据进行我国居民储蓄的协整检验及误差修正模型建立。各变量的数据选取及处理过程如下：

（1）居民储蓄率（HSR）

HSR=居民储蓄/居民收入，其中居民储蓄采用 Modigliani 和 Cao（2004）的方法，即由流通中的现金、储蓄存款、债券及个人固定资产投资之和构成。

（2）人均收入（PHI）

PHI 为居民收入与年末总人口数之比。该变量为凯恩斯传统储蓄函数变量，因为根据凯恩斯的绝对收入假说，居民的消费和储蓄行为完全取决于当期收入，且储蓄是收入的增函数，即随着收入的增加，居民会进行更多的储蓄，这样储蓄函数可以近似线性形式：$S = s_0 + sY$，因此

$S/Y = s + s_0/Y$（$s_0 < 0$），这样储蓄率就是关于 $1/Y$ 的线性函数。

（3）人均收入长期增长率（LRHI）

Modigliani 提出的生命周期假说认为，储蓄率与人均收入没有关系，而是依赖于收入的长期增长率，他认为储蓄函数可表示为 $S/Y=s_0+s_1g+e$，其中，g 表示稳定的收入增长率，s_1 显著为正，随机误差项 $e \sim iid$。本研究选取收入增长率的 15 年均值作为长期收入增长率[①]，这样可以获得 1967—2012 年更加稳定的收入增长率，而缺失的 1953—1966 年数据，则使用可得数据分别进行 14 年平均、13 年平均……依次进行计算获得。

（4）老年抚养比变化率（OD）、少儿抚养比变化率（CD）

本研究为了更加细致地考察人口结构的影响，同时引入老年抚养比和少儿抚养比，与以往研究不同的是，考虑到中国人的储蓄习惯相对固定，如果养育老人和少儿数量按预期变化，那么居民储蓄行为会遵循既有习惯，并不会有剧烈变化，只有当出现重大政策转变导致老人抚养比和少儿抚养比出现巨大波动时，居民才会调整储蓄行为，因此本研究并没有采取传统的抚养比绝对值数据，而是使用抚养比变化率数据。而由于我国抚养比数据统计不完全，从 1990 年开始才有年度连续数据，因此，考虑到研究时间跨度及数据的连续性，本研究采用了联合国发布的 2010 年版《世界人口展望》，并采用线性插值法补充缺失值，将 1990 年以来补充结果与我国实际数据进行对比可以发现，两者差异不大，因此插值结果可以相对准确地反映我国真实抚养比情况。

（5）社会保障支出（SSE）

2007 年起，统计年鉴中"国家财政主要支出项目"下的"抚恤和社会福利救济费"改为"社会保障支出"，将"社会保障补助支出""行政事业单位离退休支出"纳入统计，并对 1996 年开始的数据进行回调。

（6）通货膨胀（PI）

本研究选取消费者物价指数（1952=100）作为物价水平的衡量指

---

① 长期收入增长率，即计算当年及之前固定长度年份的收入增长率的平均值，此方法的缺点是会造成样本量的损失。Schmidt-Hebbel，Webb 和 Corsetti（1992）以及王德文等（2004）都使用 5 年均值作为长期增长率，这主要是受限于样本数量。

标，通货膨胀=消费者物价指数-100。

书中涉及收入、储蓄、社会保障等数据都经过CPI指数（1952=100）平减而得到实际值。未特殊说明的数据均来源于各年度《中国统计年鉴》、《中国固定资产投资统计年鉴》和《新中国60年统计资料汇编》。

结合已有文献研究，本研究的实证模型初步设计如下：

$$HSR_t = a_0 + a_1 LRHI_t + a_2 OD_t + a_3 \ln(SSE)_t + a_4 CD_t + a_5 PI_t \\ + a_6 1/PHI_t + \mu_t, \quad t = 1, 2, ..., T \tag{1}$$

3.3 我国居民储蓄的长期均衡

3.3.1 单位根检验

在进行协整分析之前，首先要对数据进行单位根检验以确定数据的平稳性及是否满足同阶单整条件。单位根的检验方法有很多，包括DF检验、ADF检验、DFGLS检验、PP检验等，本研究选取最广泛使用的 Augmented Dickey Fuller（ADF）检验方法[①]。为保证检验结果的准确性，暂不对常数项和趋势变量项进行设定，而是分别检验包含常数项和趋势项、包含常数项以及无常数项和趋势项三种设定下，居民储蓄率（HSR）、收入长期增长率（LRHI）、少儿抚养比变化率（CD）、老年抚养比变化率（OD）、通货膨胀（PI）及社会保障支出的对数（ln（SSE））、人均实际收入的对数（ln（PHI））是否存在单位根过程。ADF检验结果见表3-2。

由结果可知，在三种设定下，居民储蓄率（HSR）、收入长期增长率（LRHI）、少儿抚养比变化率（CD）、老年抚养比变化率（OD）、通货膨胀（PI）及社会保障支出的对数（ln（SSE））、人均实际收入的对数（ln（PHI））的水平值均不能拒绝原假设，即各变量序列均存在单位根，是不平稳的。如果对各变量的一阶差分进行单位根检验，可以发现各变量的一阶差分项均在1%的显著性水平下拒绝原假设，此时不包

---

① Dickey D A, Fuller W A. Distribution of the estimators for autoregressive time series with a unit root[J]. *Jorunal of the American Statistical Association*, 1979, 74 (366a):427–431.

含单位根，因此各变量都是 I（1）的单位根过程，表明可以进一步进行变量间的协整检验。

表3-2　　　　　　　　　　　　单位根检验结果

变量	原序列			一阶差分		
	包含常数项和趋势项	包含常数项	无常数项和趋势项	包含常数项和趋势项	包含常数项	无常数项和趋势项
HSR	−1.937	0.818	2.133	−8.691***	−8.304***	−7.695***
LRHI	−1.938	0.053	1.828	−7.647***	−7.694***	−6.977***
CD	−1.509	−2.155	−1.591	−7.849***	−7.597***	−7.648***
OD	−2.339	−1.983	−1.036	−7.619***	−7.686***	−7.665***
PI	−1.413	0.971	1.913	−4.369***	−3.849***	−2.529**
ln(SSE)	−1.410	1.184	3.428	−3.521**	−6.242***	−2.513**
1/PHI	−1.929	1.079	−4.017	−6.958***	−6.744***	−2.650***

注：***表示1%的显著性水平，**表示5%的显著性水平，*表示10%的显著性水平。

3.3.2　协整分析

协整检验的基本思想为如果两个（或两个以上）的时间序列变量是非平稳的，而它们的某种线性组合却表现出平稳性，则说明这些变量之间存在长期的稳定关系，即存在协整关系。现存许多协整检验模型，其中对于单方程系统而言，Engle-Granger两步法具有许多优点，Engle-Granger（1987）通过对各同阶单整序列建立回归方程，比如假设因变量 y_t 及所有自变量 x_{1t}，x_{2t}，$\cdots$，x_{nt} 均为 I（1）变量，使用OLS方法建立模型：

$$y_t = \theta_0 + \theta_1 x_{1t} + \theta_2 x_{2t} + \cdots + \theta_n x_{nt} + \mu_t \tag{2}$$

由式（2）得到估计的残差，然后通过检验残差的平稳性来判断各变量间是否存在协整关系，若残差是平稳的，则 y_t 与 x_{1t}，x_{2t}，$\cdots$，x_{nt} 之间存在协整关系，反之不存在协整关系。另一种较为常用的协整检验方法为Johansen检验。Johansen（1988，1991）提出一种以VAR模型为基础的检验回归系数的协整检验方法，假设噪声服从高斯分布，通过检验矩阵的秩来确定协整变量个数，此种方法在进行多变量协整检验时可以取得较为准确的结果。

首先，本研究使用E-G两步法对储蓄方程（1）的分析结果见表3-3。值得注意的是，在存在多变量协整的情况下，对残差进行单位根检验时，不能使用默认的临界值，应使用MacKinnon临界值表[1]。

表3-3　　　　　　　　　　　储蓄函数的参数估计

变量	系数	方程1-1	方程1-2	方程1-3	方程1-4
常数项	c	−3.81 (−4.23)	−63.80 (−28.37)	−6.63 (−5.19)	−11.62 (−2.92)
LRHI	α_1	4.36 (32.06)		3.40 (16.07)	3.82 (10.11)
OD	α_2			−0.82 (−2.24)	−0.71 (−1.92)
lnSSE	α_3			2.77 (4.42)	2.41 (3.57)
CD	α_4			0.80 (3.88)	0.49 (1.59)
PI	α_5			0.002 (0.45)	0.0056 (0.92)
1/PHI	α_6		−4 116.321 (−14.48)		581.71 (1.32)
R^2		0.947	0.783	0.977	
ADF-t统计量		−3.69	−2.25	−4.88	
MacKinnon 临界值		1%－−4.08523 5%－−3.43986 10%－−3.11589	1%－−4.08523 5%－−3.43986 10%－−3.11589	1%－−5.68912 5%－−4.99347 10%－−4.64609	

注：ADF-t统计量是对回归残差的平稳性检验结果，临界值参照James G. MacKinnon（2010）计算，样本数T=60。

___

[1] James G. MacKinnon（2010）对估计方法做出改进，得到更精确的计算临界值的方法。

首先对收入长期增长率（LRHI）进行估计（方程1-1），它代表了过去15年收入增长率的平均值，表3-3倒数第二行显示回归得到残差的ADF-t统计量，从结果可以看到，ADF检验t值为-3.69，在5%的显著性水平下拒绝包含单位根的原假设，即我国居民储蓄率与收入长期增长率之间存在长期稳定的协整关系，收入长期增长率每变动1个单位，居民储蓄率随之同向变动4.36个单位，且$R^2=0.947$，说明该变量对我国居民储蓄率有超高的解释力，由于该变量是构成Modigliani的生命周期假说（LCH）储蓄函数中的重要变量，因此可以在一定程度上证明生命周期模型在我国的适用性。

方程1-3是使用收入长期增长率（LRHI）、老年抚养比变化率（OD）、社会保障支出（SSE）、少儿抚养比变化率（CD）、通货膨胀（PI）对居民储蓄率进行回归，其残差的ADF检验结果为-4.88，在10%的显著性水平下显著，证明我国居民储蓄率与收入长期增长率、老年抚养比变化率、社会保障支出的对数、少儿抚养比变化率、通货膨胀之间存在着长期稳定的关系。由结果可知，$R^2=0.977$，显示了回归方程对我国过去60年居民储蓄率的超强解释力，F统计量为450.26（p=0.0000），说明HSR与LRHI、OD、lnSSE、CD、PI之间存在显著的线性关系，虽然解释变量PI的t检验结果并不显著，但由于PI对居民储蓄率的影响已被无数研究证实，蕴含重要经济意义，且本研究后续要进行分时段研究，PI变量可能会在某一段时间对HSR存在显著的影响，所以在回归方程中保留PI变量。图3-1显示了1953—2012年我国居民储蓄率实际值与由方程1-3得到的计算值，可以看出在考虑了经济增长、人口结构、社会保障支出、通货膨胀等多维度影响因素后，本研究建立的方程与现实情况高度吻合。其中值得注意的是，在其他变量影响保持不变的前提下，居民储蓄率并未随着社会保障支出的增加而减少。李焰（1999）指出，社会保障对储蓄的影响同时存在替代效果与激励效果，这说明长期来看，社会保障支出的替代效果不明显，可能是由于我国社会保障支出总量虽然逐年增加，但我国社会保障支出占GDP的比重很小，2005年仅为3.14%，社保难以完全保证居民的基本生活，因此只能通过提高储蓄来应对未来的不确定性。另外，本研究的被解释变量是居民储蓄率，并不是居民储蓄额绝对值，因此还要考虑居民收入的变化情况。老年抚养比和少儿抚养比变化率的系数显著，说明我国居民储蓄率对人口结构变化情况敏感，如前文所述，在我国，人口结构同时也是文化变量，受国家制度影响极大，因此可能引起人口结构剧烈波动的政策，如"计划生育""单独"，都会对我国居民储蓄率产生显著影响。

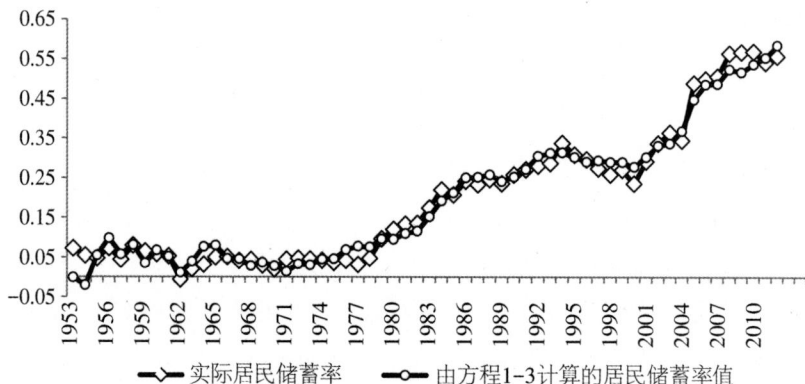

图3-1　居民储蓄率实际值与方程1-3计算值

方程1-2是对凯恩斯线性储蓄模型的一个考察，如前文所述，储蓄率是1/Y的函数，在本研究中即考察储蓄率与1/PHI的关系，回归系数对应原线性方程的常数项s_0，由回归结果可知，ADF检验t统计量为-2.25，因此不能拒绝原假设，即我国居民储蓄率与实际人均收入的倒数之间并不存在长期稳定的关系，且由图3-2可知，凯恩斯储蓄模型无法解释我国1977年开始的储蓄率急速上涨，同时人均收入平稳增长的情况，更无法解释1995—2000年间储蓄率下降，同时人均收入上涨的情况，这与Modigliani和Cao（2004）的研究结论一致。另外，为了进一步验证PHI对HSR的影响，将1/PHI引入回归方程得到方程1-4，结果显示，1/PHI的系数符号变为正，且不显著，因此传统凯恩斯模型在解释我国1953—2012年间异常的居民储蓄率问题上并不具有适用性，将PHI变量从（1）式中剔除，方程变为：

$$HSR_t = a_0 + a_1 LRHI_t + a_2 OD_t + a_3 \ln(SSE)_t + a_4 CD_t + a_5 PI_t + \mu_t,$$

$$(t=1,2,\cdots,T) \tag{3}$$

此时，我国居民储蓄的长期均衡可表示为：

$$HSR_t = -6.63 + 3.4LRHI_t - 0.82OD_t + 2.77\ln(SSE)_t + 0.8CD_t + 0.002PI_t$$

$$(4)$$

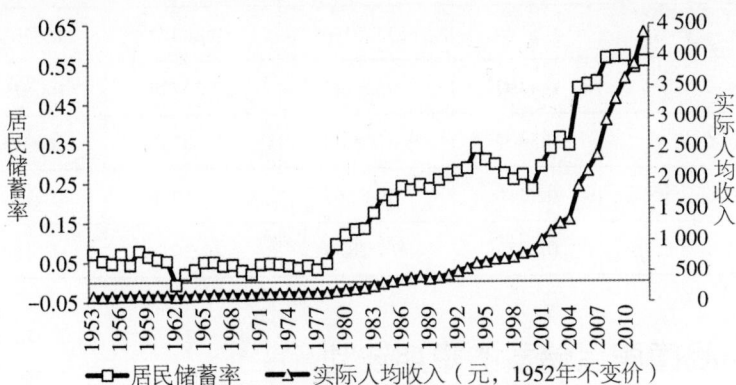

图3-2　居民储蓄率与实际人均收入

由于 Johansen（1988、1991）协整对于多变量方程有着更准确的检验，因此本研究应用 Johansen 协整检验来进一步确认各变量间是否存在协整关系。采用 AIC、SC 和 HQ 准则确定最优滞后阶数（见表3-4），可以看到多种准则均判断最优滞后阶数为1。选择不同协整检验类型进行迹检验，然后根据 Pantula 准则进行筛选，最后选择协整方程有截距项、无确定趋势项，非限定性协整检验，结果见表3-5。由表3-5可知，在5%的显著性水平下，我国居民储蓄率（HSR）、收入长期增长率（LRHI）、少儿抚养比变化率（CD）、老年抚养比变化率（OD）、通货膨胀（PI）及社会保障支出（SSE）之间存在四个协整方程，说明这六个变量间确实存在长期稳定的关系，进一步证实协整关系。

表3-4　　　　　　　　　　　　　最优滞后阶数

滞后阶数	AIC	SC	HQ
0	30.68	30.90	30.77
1	18.71	20.23	19.30
2	18.98	21.81	20.08
3	18.83	22.96	20.43

表3-5 Johansen协整结果

协整向量个数假定	特征值	迹统计量	5%临界值	p值
零个	0.5140	137.4080	103.8473	0.0001
至多一个	0.4197	95.5585	76.9727	0.0010
至多两个	0.3407	63.9948	54.0790	0.0051
至多三个	0.3210	39.8367	35.1928	0.0147
至多四个	0.1953	17.3834	20.2618	0.1188

3.4 我国居民储蓄的短期波动

3.4.1 误差修正模型

协整检验结果说明变量间存在长期均衡关系，而实际经济数据是由非均衡过程生成的，这种由数据的动态非均衡过程逼近长期均衡过程的模式可以通过模型进行刻画，Davidson，Hendry，Srba和Yeo于1978年提出误差修正模型的基本形式（又称DHSY模型）。通过建立误差修正模型，可以考察经济变量的短期冲击，以及出现短期偏离后的调整速度。此外，误差修正模型还削弱原模型的多重共线性以及扰动项的序列相关性。

在确定我国居民储蓄率（HSR）与长期收入增长率（LRHI）、老年抚养比变化率（OD）、社会保障支出（SSE）的对数、少儿抚养比变化率（CD）及通货膨胀（PI）间存在长期稳定的协整关系后，建立误差修正模型来刻画和分析短期动态冲击及调整状况。首先建立1953—2012年间的长期均衡方程：

$$HSR_t = \alpha_0 + \alpha_1 LRHI_t + \alpha_2 OD_t + \alpha_3 \ln(SSE)_t + \alpha_4 CD_t + \alpha_5 PI_t + \mu_t,$$

$$t = 1, 2, \cdots, T \tag{5}$$

由前文可知，估计结果为：

$$HSR_t = -6.63 + 3.40LRHI_t - 0.820D_t + 2.77\ln(SSE)_t + 0.80CD_t + 0.002PI_t + \hat{u}_t$$
$$(-5.19)\quad(16.07)\quad(-2.24)\qquad(4.42)\qquad(3.88)\qquad(0.45)\qquad\qquad(6)$$
$$R^2 = 0.977 \qquad D.W. = 0.899$$

对 $\hat{u}_t$ 进行自相关检验，根据其自相关图可以看出，$\hat{u}_t$ 存在一阶自相关，计算 LM 统计量=14.41（p=0.0001），拒绝原假设，即 $\hat{u}_t$ 序列存在自相关，因此在建立误差修正模型之前，需要对上述回归方程进行修正，考虑采用 AR（1）模型，得到新的残差序列 $\hat{v}_t$，并通过 LM 检验。第二步，将得到的新的残差序列作为误差修正项，即令 ecm = $\hat{v}_t$，建立误差修正模型：

$$\Delta HSR_t = \beta_0 + \theta ecm_{t-1} + \beta_1\Delta LRHI_t + \beta_2\Delta OD_t + \beta_3\Delta\ln(SSE)_t$$
$$+\beta_4\Delta CD_t + \beta_5\Delta PI_t + \varepsilon_t \qquad\qquad (7)$$

估计方程，去掉不显著的常数项，最终得到：

$$\Delta HSR_t = -0.37ecm_{t-1} + 2.58\Delta LRHI_t - 0.30\Delta OD_t$$
$$(-2.88)\qquad\quad(6.53)\qquad\quad(-0.58)$$
$$+ 1.36\Delta\ln(SSE)_t + 0.21\Delta CD_t + 0.01\Delta PI_t \qquad\qquad (8)$$
$$(1.21)\qquad\quad(0.64)\qquad\quad(0.75)$$
$$R^2 = 0.481 \qquad D.W. = 1.95$$

3.4.2 短期冲击分析

我国居民储蓄率的短期波动可以分为两部分：一部分是居民储蓄率偏离长期均衡的影响；另一部分是 LRHI、OD、ln（SSE）、CD 和 PI 的短期波动影响。由式（8）可知，误差修正项的系数为-0.37，为负，符合反向修正机制，说明导致偏离长期均衡的冲击将以每年37%的速度消减，即需要不到3年的时间可以将短期波动的影响消除，恢复均衡水平。LRHI的系数在误差修正模型中非常显著，说明收入长期增长率的短期提高对居民储蓄率水平的提高仍然表现出显著的正面影响，短期弹性为2.58，即短期内收入长期增长率每增加1个单位，居民储蓄率增长2.58个单位，由此看出，LRHI不仅在长期与HSR存在稳定的关系，LRHI的短期波动也会对HSR造成显著影响。而OD、ln（SSE）、CD、PI在误差修正模型中的系数并不显著，说明虽然老年抚养比变化率、社会保障支出、少儿抚养比变化率及通货膨胀的短期波动会对居民储蓄率产生影响，但这种影响并不显著。

另外，考虑到居民储蓄率与各影响因素之间可能存在非线性协整关系，因此本研究引入门限协整及非对称误差修正模型，实证结果发现，在10%的显著性水平下系数并不显著，也就是说明线性协整检验、对称误差修正模型可以很好地解释我国过去60年间居民储蓄率问题。

3.5 我国居民储蓄的结构分析

中华人民共和国成立至今，政治、经济、文化政策经历了几次重大的变革，尤其是在计划经济向市场经济转轨过程中，数据极可能出现结构性变化，因此全样本回归过于笼统，其中个别变量对居民储蓄率的影响可能会存在阶段性变化，因此本研究考虑引入虚拟变量，将全样本划分为两段并进行回归分析，以探求各变量在60年间是否存在结构性变化及其原因。虽然我国在1978年提出改革开放政策，但考虑到改革初期各项政策并未彻底落实，且政策效果及经济运行存在滞后性，综合考虑我国实际经济运行状况及人口结构、社会保障、通货膨胀的变化情况，本研究最终选取1987年作为样本分割点。

首先进行Chow分割点检验，该检验基于全样本回归得到的残差平方和与子区间得到的加总的残差平方和，来判断是否发生了结构变化，以1987年为Chow分割点，对1953—2012年全样本进行检验，结果见表3-6。由结果可知，F统计量=4.54，大于$F_{(6, 48)}$临界值，对数似然比LR统计量=26.95，大于$\chi^2(6)$，因此拒绝原假设，即在分割点存在结构变化。

表3-6 Chow检验结果

指标	值	大于临界值的概率 p
F统计量	4.54	0.0010
LR统计量	26.95	0.0001

为了具体考察回归差异的原因，本研究引入虚拟变量D_1进行分析

（Gujarati，2004），设 1987 年之前 $D_1=0$，1987 年之后 $D_1=1$，回归方程
变为：

$$HSR_t = A_0 + A_1LRHI_t + A_2OD_t + A_3\ln(SSE)_t + A_4CD_t + A_5PI_t$$
$$+A_6D_1 + A_7D_1LRHI_t + A_8D_1OD_t + A_9D_1\ln(SSE)_t \qquad (9)$$
$$+A_{10}D_1CD_t + A_{11}D_1PI_t + \mu_t, t = 1,2,\cdots,T$$

回归结果见表3-7。

表3-7 引入虚拟变量后回归结果

变量	C	LRHI	OD	lnSSE	CD	PI
系数 （t值）	0.33 (0.11)	2.83*** (6.56)	−0.61 (−1.42)	−0.96 (−0.62)	0.37 (0.83)	0.10* (1.89)
变量	D_1	D_1LRHI	D_1OD	D_1lnSSE	D_1CD	D_1PI
系数 （t值）	−13.73*** (−3.39)	1.67*** (2.89)	−3.07* (−1.84)	2.89* (1.69)	0.16 (0.23)	−0.08 (−1.64)

注：***表示1%的显著性水平，**表示5%的显著性水平，*表示10%的显著性
水平。

分时期表示回归结果：

1953—1986年：

$$HSR_t = 0.33 + 2.83LRHI_t - 0.61OD_t - 0.96\ln(SSE)_t + 0.37CD_t + 0.10PI_t$$
$$(10)$$

1987—2012年：

$$HSR_t = -13.40 + 4.49LRHI_t - 3.68OD_t + 1.92\ln(SSE)_t + 0.52CD_t + 0.01PI_t$$
$$(11)$$

由结果可知，级差截距和 D_1LRHI、D_1OD、D_1lnSSE 的系数显著不
为零，从截距和斜率两方面强烈说明两阶段回归方程的巨大差异。其中
D_1OD 的系数为−3.07，在 10% 水平下显著，而 D_1CD 的系数为0.16，并
不显著，说明在老年抚养比变化率的数据存在结构性变化的同时，少儿
抚养比变化率并不存在结构性变化。这是由于我国 1973 年成立计划生
育小组以来，开始大力推行计划生育政策，导致出生率大幅降低，而老
年抚养比的计算公式是 65 岁及以上人口与 15~64 岁人口之比，到 1987

年左右，受计划生育政策影响的第一批少儿正好计入 15~64 岁劳动力人口，因此造成老年抚养比变化率的显著变化，这也正是少儿抚养比变化率并没有出现结构性变动的原因，因为少儿抚养比计算公式中的分子分母同时在减少，因此对比率的影响不大。$D_1 \ln SSE$ 的系数为 2.89，在 10% 的水平下显著，原因是 20 世纪 80 年代中后期正值改革深入期，1986 年社会保险制度改革伊始，国务院在《中华人民共和国国民经济和社会发展第七个五年计划》中提出，要有步骤地建立具有中国特色的社会保障制度，随后一系列规划文件[1]逐步落实社会保障问题，这也就可以解释社会保障支出数据出现结构性变化的原因。而 1987—1989 年是我国高通货膨胀现象爆发时期，这也是 $D_1 PI$ 的系数接近在 10% 的显著性水平下显著的原因。综上所述，我国政治、经济、人口等政策的重要变动，导致各变量数据序列在 1987 年存在结构性变化。

3.6 本章小结

本章选取居民储蓄率、人均收入、人均收入长期增长率、老年抚养比变化率、少儿抚养比变化率、社会保障支出和通货膨胀六组变量，对我国居民储蓄进行协整检验，并建立误差修正模型，考察我国居民储蓄的长期均衡与短期波动，之后引入虚拟变量进行我国居民储蓄结构性分析，主要结论如下：第一，我国居民储蓄率与收入长期增长率、少儿抚养比变化率、老年抚养比变化率、通货膨胀及社会保障支出之间存在着长期稳定的关系；第二，长期收入增长率对我国 60 年来居民储蓄率有着极强的影响，无论是在全样本范围内，还是在子区间，在长期均衡状态下，长期收入增长率每增加 1 个单位，居民储蓄率增加 4.36 个单位；第三，误差修正模型显示当短期波动偏离长期均衡时，3 年左右可以调整回均衡状态，且收入长期增长率短期内的提高对居民储蓄率水平的提高仍然表现出显著的正面影响，而老年抚养比变化率、社会保障支出、少儿抚养比变化率及通货膨胀对于影响居民储蓄率的短期作用并不明

---

[1] 1991 年全国人民代表大会通过《中华人民共和国国民经济和社会发展十年规划和第八个五年计划纲要》明确了建立新的社会保障制度要求，1993 年 4 月国务院发布了《国有企业职工待业保险规定》，1999 年国务院颁布了《失业保险条例》。

显；第四，以 1987 年为转折点，收入长期增长率、老年抚养比变化率、社会保障支出及通货膨胀存在结构性转变，而少儿抚养比变化率没有。因此，在实行可能导致少儿抚养比、老年抚养比产生巨大变化的政策时，如延长退休年龄（改变劳动人人口定义）或单独二孩政策等，必须同时将其对居民储蓄率的影响纳入其中。另外，我国应该进一步扩大社会保障覆盖面并完善社会保障体系，这样才能降低居民出于应对未来不确定性而进行预防性储蓄的水平。

4　心理账户与居民储蓄

传统储蓄模型试图刻画收入与储蓄之间的关系，其中关键的基础假设之一为财富具有可替代性，即无论当前还是未来，每一单位财富的价值相同，财富的来源及使用不会对边际效用产生影响，Thaler（1985）提出心理账户理论对此提出质疑。Thaler开篇提出四个场景描述：

①L夫妇和H夫妇在西北部钓鱼旅行中捕获一些鲑鱼，他们将鱼打包并通过航空运送回家，但是鱼在运输途中丢失了。两对夫妇收到航空公司赔付金300美元，去餐厅美餐一顿，花费225美元，而他们之前从未在餐厅花费如此巨大金额。

②X先生在月度扑克游戏中赢了50美元，他现在有一副Q最大的同花牌，他押注10美元。Y先生拥有100股IBM公司股票，今天股票上涨二分之一，而扑克游戏平局，他现在有一副K最大的同花牌，但是他选择弃牌。当X先生赢得比赛时，Y先生想："如果我已经赢了50美元，那么我也选择押注。"

③J夫妇为了购买理想中的度假小屋已经储蓄15 000美元，他们希望能在五年之内购买，这笔钱在货币市场上能获取10%的年收益。但他们最近

通过三年期年利率为15%的汽车贷款购入一辆新车，共花费11 000美元。

④S先生在商店看中一件价值125美元的毛衣，但是他觉得太奢侈并没有购买。当月，他从妻子那收到那件毛衣作为生日礼物，他很高兴，但S先生和太太使用共同账户。

由这四个场景我们可以发现，决策主体在决策过程中存在明显或不明显的账户系统，即心理账户，而这些账户的划分会对人们的决策产生影响。因此，本研究考虑将心理账户理论纳入居民储蓄问题分析之中，考察不同来源收入对居民储蓄的影响及我国居民储蓄、消费的心智特征。

4.1　基于省际面板数据的检验

4.1.1　研究思路、方法及数据

心理账户是指人们总是根据资金的来源、资金的所在及资金的用途等因素对资金进行归类，理论的核心内容之一是财富具有不可替代性，即财富的来源、使用及分类会对财富的边际效用产生影响。因此，心理账户理论的宏观检验重点集中在不同来源收入的边际储蓄倾向差异上。本研究考虑根据国家统计局公布的收入核算项目将收入细分为工资性收入、经营性收入、财产性收入及转移性收入，通过构建计量模型对不同来源收入的边际储蓄倾向进行检验。考虑到城镇和农村居民由于收入状况、消费习惯等方面存在明显差异，因此如果不区分城镇、农村样本，而是进行全国居民总体的不同来源收入的边际倾向检验，得到的结果并不具有参考价值。因此，本研究将进行城镇、农村两个样本的检验，并对比结果，探究差异原因。

数据方面，本研究选取我国2002—2012年31个省、自治区、直辖市城镇、农村居民人均可支配收入、工资性收入、经营性收入、财产性收入、转移性收入、消费支出的年度数据①，构建成为n=31，T=11的面板数据。居民储蓄由人均可支配收入（农村样本为人均纯收入）减去人均

---

① 由于季度数据中存在大量缺失值，因此本研究选取年度数据，避免缺失值对结果的准确性造成影响。

消费支出获得，为获取更加精确的各省、自治区、直辖市实际储蓄值，本研究分别采用各省、自治区、直辖市城市消费者物价指数、农村消费者物价指数（2001年=100）分别对城镇、农村各变量序列进行平减得到实际值[①]。对各变量实际值取自然对数，作为最终回归变量序列。

估计方法上，传统面板估计方法的一个前提是解释变量与干扰项不相关。当此假设不满足时，就会产生内生性问题。因此，考虑到回归模型本身可能存在内生性问题，采用豪斯曼检验进行内生性判断，如果存在内生性问题，进一步确定选用随机效应模型或固定效应模型。为了更好地解决扰动项异方差或自相关问题，仍然选用"广义矩估计"（Generalized Method of Moments，GMM）。工具变量选取方面，既需要考虑工具变量与内生性的相关关系，又要考虑其与干扰项无关，因此需要进行弱工具变量检验及过度识别检验，确定最终的有效工具变量。

4.1.2　城镇居民不同来源收入的边际储蓄倾向检验

经过上述数据处理过程，确定最终的计量模型为：

$$S_{it} = a_0 + a_1 Y_{it}^1 + a_2 Y_{it}^2 + a_3 Y_{it}^3 + a_4 Y_{it}^4 + \varepsilon_{it} \qquad (1)$$

其中，S_{it} 为各省、自治区、直辖市城镇居民储蓄实际值的自然对数（i=1，2，…，31；t=1，2，…，11），Y_{it}^1 为各省、自治区、直辖市城镇居民工资性收入实际值的自然对数，Y_{it}^2 为各省、自治区、直辖市城镇居民经营性收入实际值的自然对数，Y_{it}^3 为各省、自治区、直辖市城镇居民财产性收入实际值的自然对数，Y_{it}^4 为各省、自治区、直辖市城镇居民转移性收入实际值的自然对数，ε_{it} 为随机扰动项。$\partial Y^k / \partial S(k = 1，2，3，4)$ 为边际储蓄倾向，通过对方程（1）进行回归，检验 $\partial Y^1 / \partial S = \partial Y^2 / \partial S = \partial Y^3 / \partial S = \partial Y^4 / \partial S$ 是否成立，来判断城镇居民储蓄行为中是否存在心理账户现象，即将不同来源收入区别对待，违反财富可替代性假设。图4-1为31个省、自治区、直辖市城镇居民2002—2012年四项来源收入的折线图[②]，由图4-1可知，除个别省、自治区、直辖市外，其余省份的四项来源收入时序数列都比较平稳。

---

① 其中，北京、天津、重庆和上海的城市与农村消费者物价指数相同。
② 省份编号详见表3-1。

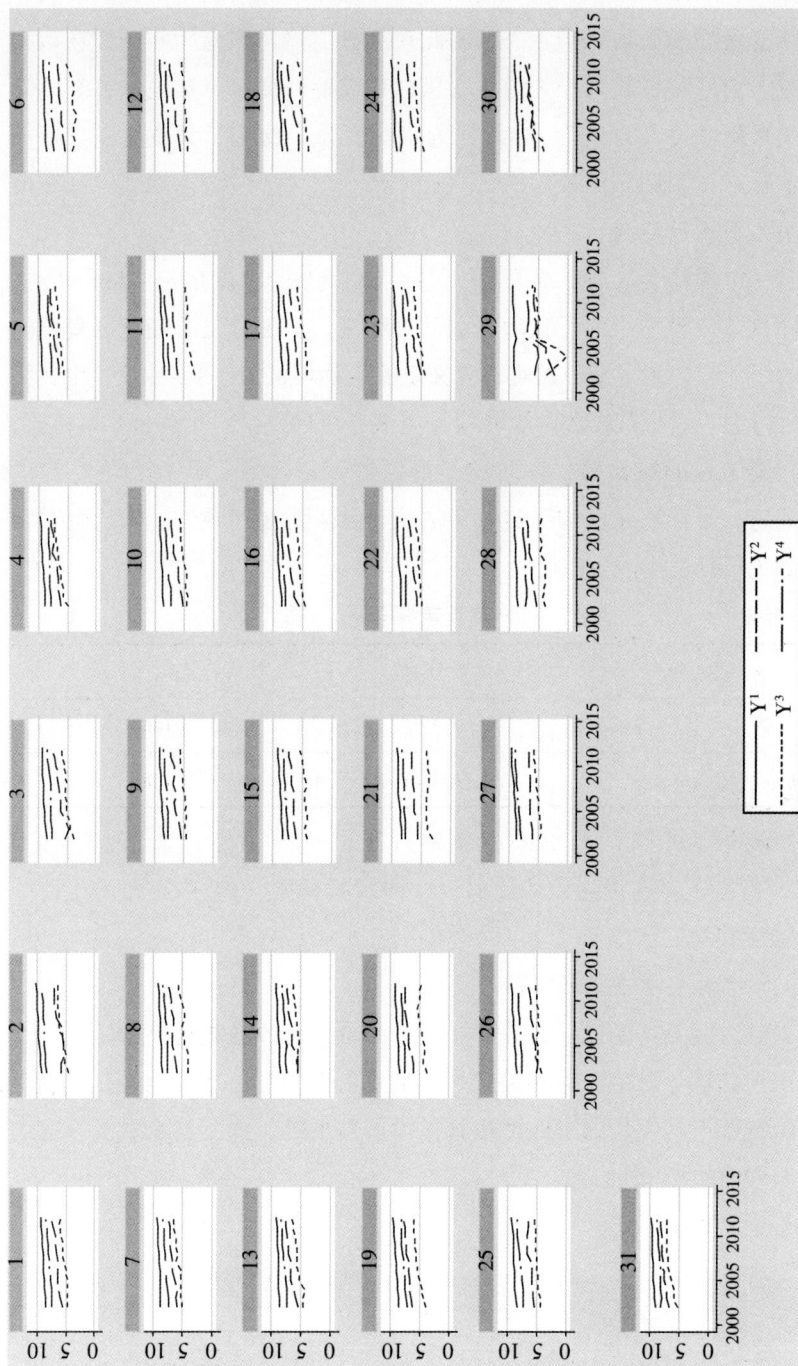

图 4-1 我国 31 个省、自治区、直辖市城镇居民四项来源收入的时序图

四项收入来源中，工资性收入与转移性收入相对稳定，受总收入和被解释变量的滞后项影响不大，因此在工具变量选取上，本研究选取财产性收入与经营性收入作为内生变量，将被解释变量（居民储蓄）的滞后 1~3 期及总收入的滞后 1~3 期作为工具变量，使用工具变量法进行广义矩估计，得到回归结果。

（1）内生性检验

若一个解释变量与干扰项不相关，我们就说这个变量是严格外生的。由于随机效应模型中的干扰项由两部分组成，一部分是不随时间变化的个体效用部分，另一部分是真正意义上的干扰项 e，在内生性检验中，需要同时考虑。面板数据的内生性检验通常有两种方法：一种是 D-M 检验；另一种是 Hausman 检验。两种检验的原假设都一致，即 H_0：不存在内生性问题，最小二乘法与工具变量法估计结果都是一致的。本研究采取两种方式同时进行内生性检验，结果见表 4-1。

表4-1　　　　　　　　　　内生性检验结果

方法	统计量	p 值
D-M 检验	37.13	0.000
Hausman 检验	709.44	0.000

由表 4-1 可知，无论采取哪种方法进行内生性检验，p 值均为0.000，拒绝不存在内生性的原假设，即回归模型（1）中存在内生性问题，需要引入工具变量。

（2）工具变量有效性检验

确定选取工具变量后，需要对工具变量的有效性进行检验，既需要考虑工具变量与内生性的相关关系，又要考虑其与干扰项无关，以确定最终的有效工具变量，有效性检验包括识别不足、弱工具变量及过度约束三个方面的检验。

①识别不足

工具变量识别不足的原假设 H_0：存在识别不足的问题。

②弱工具变量检验

弱工具变量检验的目的是检验内生变量与工具变量的相关性是否足

够强。原假设 H_0：工具变量与内生变量有较强的相关性。

③过度约束检验

过度约束检验的基本思想是检验工具变量的合理性，即是否既与内生变量相关，同时与干扰项不相关。

（3）广义矩估计结果

针对回归方程（1），使用广义矩估计方法进行参数估计，结果见表4-2。

表4-2　　　　　　　　　　　　　GMM估计结果

项目	参数估计值	标准误	t统计量	p值
a_1	0.389	0.127	3.07	0.002
a_2	0.296	0.126	2.36	0.019
a_3	0.502	0.155	3.25	0.001
a_4	−0.273	0.223	−1.23	0.221
F检验	205.17***			
Kleibergen-Paap rk LM 统计量	12.330**			
Hansen J 统计量	6.448			
Cragg-Donald Wald F 统计量	5% maximal IV relative bias　　15.72　　　10% maximal IV relative bias　　9.48			
F检验　H_0：$a_1 = a_2 = a_3 = a_4$	2.53*			

注：表4-2第2至5行分别显示四项来源收入的参数估计结果，包括参数估计值、标准误、t统计量及p值，表格第6行表示回归的F检验结果，第7至9行分别显示识别不足、过度约束及弱工具变量的检验结果，最后一行是原假设为 $a_1 = a_2 = a_3 = a_4$ 的F检验结果及显著性水平。*表示在10%水平上显著，**表示在5%水平上显著，***表示在1%水平上显著。

由 GMM 估计结果可知，除转移性收入外，其余三项来源收入都对居民储蓄有显著影响，且影响为正向，即随着收入的增加，居民储蓄增加。其中，Y_{it}^1 的系数为0.389，t统计量为3.07，在1%的水平上显著，表明工资性收入每增加1%，居民储蓄增加0.389%；Y_{it}^2的系数为0.296，t统计量为2.36，在5%的水平上显著，表明经营性收入每增加1%，居民储蓄增加0.296%；Y_{it}^3的系数为0.502，t统计量为3.25，在1%的水平上显著，表明财产性收入每增加1%，居民储蓄增加0.502%，而转移性收入对居民储蓄的影响并不显著。表4-2最后一行显示原假设为$a_1 = a_2 = a_3 = a_4$的F检验结果，F统计量为2.53，在10%的水平上拒绝原假设，即四个参数估计值并不相等，说明城镇居民并不将四项来源收入的财富价值看作相等，而是不同来源收入具有不同的边际储蓄倾向，支持心理账户假说。进一步分析可以发现，$a_3 > a_1 > a_2$，说明对于城镇居民来说，财产性收入的边际储蓄倾向最强，其次是工资性收入，最次是经营性收入。由于财产性收入核算项目主要包括居民存款利息收入、固定资产增值等项目，收入相对稳定，且未来可持续，这与Shefrin和Thaler（1988）账户划分中的未来收入类似，具有很低的边际消费倾向，与本研究的结论一致。

R^2为0.82，F检验在1%的水平上显著，说明模型整体回归性良好。Kleibergen-Paap rk LM 统计量为识别不足检验结果，检验结果服从自由度为5的卡方分布，LM统计量为12.33，p值为0.03，在5%的水平上拒绝原假设，即本研究选取的工具变量不存在识别不足的问题。Cragg-Donald Wald F 统计量为弱工具变量的检验结果，数值为3.356，在5%水平上p值为15.72%，在10%水平上p值为9.48%，基本判断不能拒绝原假设。因此，本研究所选取工具变量与内生变量相关性较强，不存在弱工具变量问题。Hansen J 统计量为过度约束检验结果，值为6.448，服从自由度为4的卡方分布，p值为0.1681，不能拒绝原假设，即本研究选取的工具变量是合理的，既与内生变量财产性收入、经营性收入有一定的相关性，同时又与干扰项互不相关。结合以上三方面检验，可以看出，本研究选取居民储蓄滞后1~3期与总收入滞后1~3期作为工具变量引入回归方程，既不存在识别不足或弱工具变量问题，也不存在过度约束问题，因此工具变量具有有效性，回归结果相对准确，研究结论支持心理账户理论。

4.1.3 农村居民不同来源收入的边际储蓄倾向检验

与城镇样本类似，根据宏观统计指标将农村居民收入细分为工资性纯收入 Y_{it}^1、家庭经营纯收入 Y_{it}^2、财产性纯收入 Y_{it}^3、转移性纯收入 Y_{it}^4，计量模型设定为：

$$S_{it} = b_0 + b_1 Y_{it}^1 + b_2 Y_{it}^2 + b_3 Y_{it}^3 + b_4 Y_{it}^4 + \varepsilon_{it} \qquad (2)$$

其中，S_{it} 为各省、自治区、直辖市农村居民储蓄的对数值（i=1，2，…，31；t=1，2，…，11），Y_{it}^1 为各省、自治区、直辖市农村居民工资性收入的对数值，Y_{it}^2 为各省、自治区、直辖市农村居民经营性收入的对数值，Y_{it}^3 为各省、自治区、直辖市农村居民财产性收入的对数值，Y_{it}^4 为各省、自治区、直辖市农村居民转移性收入的对数值，ε_{it} 为随机扰动项。$\partial Y^k / \partial S (k = 1，2，3，4)$ 称为边际储蓄倾向，通过对方程（2）进行回归，检验 $\partial Y^1 / \partial S = \partial Y^2 / \partial S = \partial Y^3 / \partial S = \partial Y^4 / \partial S$ 是否成立，来判断农村居民储蓄行为中是否存在心理账户现象。图4-2为31个省、自治区、直辖市农村居民2002—2012年四项来源收入的折线图，由图4-2可知，除个别省、自治区、直辖市外，其余省份的四项来源收入时序数列都比较平稳。

与城镇居民有所不同的是，对于农村居民来说，四项收入来源中，除工资性收入与转移性收入相对稳定之外，经营性收入作为农村居民的主要收入来源也相对比较稳定，受总收入和被解释变量的滞后项影响不大，因此在工具变量选取上，本研究选取财产性收入作为内生变量，将被解释变量（居民储蓄）的滞后1~3期及总收入的滞后1~3期作为工具变量，使用工具变量法进行广义矩估计，得到回归结果。

（1）内生性检验

仍然同时采用D-M检验和Hausman检验两种方法对回归方程进行是否存在内生性问题判断，结果见表4-3。

表4-3 内生性检验结果

方法	统计量	p值
D-M检验	47.16	0.000
Hausman检验	负值	

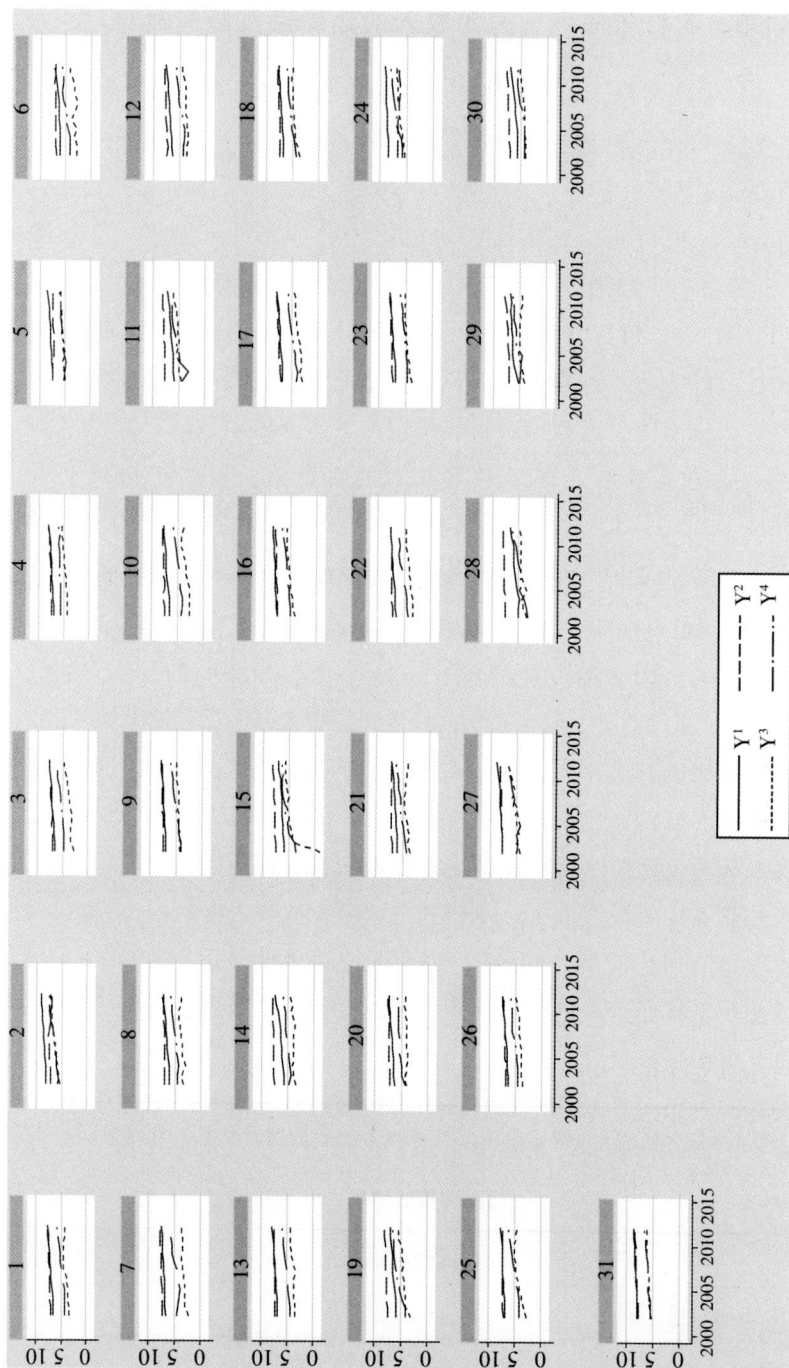

图4-2 我国31个省、自治区、直辖市农村居民四项来源收入的时序图

由结果可知，在农村样本的回归方程内生性问题检验上，Hausman检验统计量为负值，说明样本数据不符合Hausman检验方法的前提假设，因此此方法无法对是否存在内生性问题进行有效判断。D-M检验的原假设 H_0：不存在内生性问题，统计量为47.16，p值为0.000，在1%的水平上拒绝原假设，因此回归模型（2）中存在内生性问题。

（2）广义矩估计结果

使用居民储蓄的滞后1~3期及总收入的滞后1~3期作为工具变量，得到广义矩估计结果（见表4-4）。

表4-4   GMM估计结果

项目	参数估计值	标准误	t统计量	p值
b_1	−1.208	0.613	−2.46	0.015
b_2	0.975	0.411	2.37	0.019
b_3	2.515	0.635	3.96	0.000
b_4	−0.368	0.232	−1.59	0.114
F检验	14.40***			
Kleibergen-Paap rk LM 统计量	10.654*			
Hansen J 统计量	8.177			
Cragg-Donald Wald F 统计量	5% maximal IV relative bias 19.28 10% maximal IV relative bias 11.12			
F检验 H_0: $b_1 = b_2 = b_3 = b_4$	4.61***			

注：表4-4第2至5行分别显示四项来源收入的参数估计结果，包括参数估计值、标准误、t统计量及p值，第6行表示回归的F检验结果，第7至9行分别显示识别不足、过度约束及弱工具变量的检验结果，最后一行是原假设为 $b_1 = b_2 = b_3 = b_4$ 的F检验结果及显著性水平。*表示在10%水平上显著，**表示在5%水平上显著，***表示在1%水平上显著。

由GMM估计结果可知，除转移性收入外，其余三项来源收入都对居民储蓄有显著影响，其中工资性收入的影响为负，经营性收入与财产性收入的影响为正。其中，Y_{it}^1 的系数为 -1.208，t 统计量为 -2.46，在 5% 的水平上显著，表明工资性收入每增加 1%，居民储蓄减少 -1.208%；Y_{it}^2 的系数为 0.975，t 统计量为 2.37，在 5% 的水平上显著，表明经营性收入每增加 1%，居民储蓄增加 0.975%；Y_{it}^3 的系数为 2.515，t 统计量为 3.96，在 1% 的水平上显著，表明财产性收入每增加 1%，居民储蓄增加 2.515%，而转移性收入对居民储蓄的影响并不显著。表 4-4 最后一行显示原假设为 $b_1 = b_2 = b_3 = b_4$ 的 F 检验结果，F 统计量为 4.61，在 1% 的水平上拒绝原假设，即四个参数估计值并不相等，说明农村居民并不将四项来源收入的财富价值看作相等，而是不同来源收入具有不同的边际储蓄倾向，支持心理账户假说。进一步分析可以发现，$b_3 > b_2$，说明对于农村居民来说，财产性收入的边际储蓄倾向最强，其次是经营性收入。

F 检验在 1% 的水平上显著，说明模型整体回归性良好。Kleibergen-Paap rk LM 统计量为识别不足检验结果，检验结果服从自由度为 6 的卡方分布，LM 统计量为 10.654，p 值为 0.997，在 10% 的水平上拒绝原假设，即本研究选取的工具变量不存在识别不足的问题。Cragg-Donald Wald F 统计量为弱工具变量的检验结果，数值为 2.502，在 5% 水平上 p 值为 19.28%，在 10% 水平上 p 值为 11.12%，不能拒绝原假设，因此本研究所选取工具变量与内生变量相关性较强，不存在弱工具变量问题。Hansen J 统计量为过度约束检验结果，值为 8.177，服从自由度为 5 的卡方分布，p 值为 0.1468，不能拒绝原假设，即本研究选取的工具变量是合理的，既与内生变量财产性收入、经营性收入有一定的相关性，同时又与干扰项互不相关。结合以上三方面检验，可以看出，本研究选取居民储蓄滞后 1~3 期与总收入滞后 1~3 期作为工具变量引入回归方程，既不存在识别不足或弱工具变量问题，也不存在过度约束问题，因此工具变量具有有效性，回归结果相对准确，研究结论支持心理账户理论。

4.2　心理账户理论的微观检验

4.2.1　研究思路、方法及数据

相比于心理账户的宏观检验，针对心理账户的微观层面研究比较有限。实际上，心理账户的一个核心内容在于账户划分、归类过程，即依照何种标准划分心理账户，又以何种标准判断每个项目应归属于哪个账户。已有研究对心理账户的划分并没有统一的标准，考虑到国内外针对心理账户的分类主观性较强，缺乏理论依据，尤其是心理账户属于心理活动，必然会受社会环境、国家文化影响，因此心理账户的国别差异应该较大。李爱梅等（2007）对中国人心理账户的内隐结构进行研究，研究共对全国9个省份1 268名被试进行问卷调查，经过探索性因子分析、验证性因子分析以及二阶因子验证获取相对可信的心理账户分类方法。因此，本研究借鉴李爱梅等（2007）的研究结果，对我国居民的收入、消费与储蓄账户进行划分，在此基础上检验不同来源收入的边际消费倾向及边际储蓄倾向，从微观层面检验心理账户理论。

人类储蓄与消费行为的本质是一种文化现象，所以在心理账户相关问题研究中，另一不可忽视的问题是基于文化传统的心智特征的差异。性别、年龄、收入，甚至健康状态等各方面因素，都会对心理账户的形成产生影响，这使得人与人之间在账户的分类、估值过程等方面存在差异。因此，本研究在进行边际倾向检验之后，通过建立 Logit 模型，将性别、年龄、受教育程度、婚姻状况、是否享有医疗保险、子女数量、主观健康程度、主观生活水平及收入水平引入模型，分析我国居民心理账户特征。此外，考虑到我国农村居民与城市居民的消费习惯、收入状况差异较大，因此将总样本根据户籍分为城市样本与农村样本，分别进行心理账户的特征分析。

数据方面，使用中国健康与养老追踪调查（CHARLS）数据库2011年全国基线调查数据。本研究选取 CHARLS 数据的原因主要有三点：首

先，该调查数据覆盖全国150个县级单位，约1万户家庭中的1.7万人，可以很好地代表我国居民收入、消费与储蓄普遍状况；其次，CHARLS调查对象年龄主要集中在45岁以上，而对于临近退休及已退休人员来说，未来收入及养老金比较确定，且已经形成相对稳定的收入及储蓄、消费账户，可以获取相对清晰且稳定的心理账户分类；最后，该调查内容细致、全面，不仅包括日用消费品等消费品支出，也包括亲友间经济援助及政府转移支付等，为深入研究我国居民储蓄及消费模式、结构特征提供基础。

为了考察不同来源收入的边际倾向差异及心智特征，本研究参照李爱梅等（2007）的研究成果，结合CHARLS数据对其进行调整，最终将收入账户细分为工作相关的常规收入、非常规的额外收入及经营投资收入。其中，工作相关的常规收入包括固定工资、其他奖金及福利；非常规的额外收入包括政府转移收入、经济帮助及遗产；经营投资收入包括金融投资收入、其他投资收入及固定资产增值[1]。而将消费账户细分为生活必需开支、家庭建设与个人发展开支、情感维系开支和享乐休闲开支。其中，生活必需开支账户包括生活日用品费、衣服服装费、交通费、通信费、孝敬父母及学习进修支出；家庭建设与个人发展账户包括子女花销、买车费、买房或房租费及购置家电费；情感维系账户包括捐助他人及接济亲戚、朋友支出；享乐休闲账户包括娱乐休闲开支、美容保健费及旅游度假费用。储蓄账户细分为安全型保障储蓄与风险型储蓄，其中安全型保障储蓄主要包括现金、银行存款及不动产，风险型储蓄主要包括基金、股票、债券及他人欠款。详细账户分类如图4-3所示。

研究方法上，在对我国城镇、农村居民进行心智分析的时候，本研究采用Logit模型。Logit模型作为最早的离散模型，是非线性概率模型的一种，记 $P_i = E(Y_i = 1|X)$，方程 $P_i = \dfrac{1}{1 + e^{-Z_i}} = \dfrac{e^z}{1 + e^z}$ 代表一个逻辑分布函数模型，称模型 $L_i = \ln\left(\dfrac{P_i}{1 - P_i}\right) = \beta_1 + \beta_2 \cdot X + \mu_i$ 为二项 Logit 模

---

① 由于难以精确核算房产价格一年内的变动状况，因此此处主要核算主体拥有其他房产出租收入。

```
                                               ┌─ 固定工资
                                               │  （包括定期支付奖金）
                         ┌─ 工作相关的常规收入 ─┼─ 其他奖金
                         │                     │  （不与薪酬一起定期支付）
                         │                     └─ 福利
                         │                        （餐费补贴、交通补贴、住房补贴等）
                         │                     ┌─ 政府转移收入
                         │                     │  （低保收入、政府补助及捐助等）
              收入账户 ──┼─ 非常规的额外收入 ──┼─ 经济帮助
                         │                     │  （父母、子女、亲戚、朋友等给予的）
                         │                     └─ 遗产
                         │                     ┌─ 金融投资收入
                         │                     │  （包括股票、基金、债券等）
                         └─ 经营投资收入 ──────┼─ 其他投资收入
                                               │  （包括农林、畜牧、自营等）
                                               └─ 固定资产增值

                                               ┌─ 现金
                         ┌─ 安全型保障储蓄 ────┼─ 银行存款
                         │                     │  （包括活期及定期）
                         │                     └─ 不动产
              储蓄账户 ──┤                        （住房公积金）
                         │                     ┌─ 基金
                         │                     ├─ 股票
                         └─ 风险型储蓄 ────────┼─ 债券
                                               └─ 他人欠款

                                               ┌─ 生活日用品
                                               ├─ 衣物服装费
                         ┌─ 生活必需开支 ──────┼─ 交通通信费
                         │                     ├─ 孝敬父母
                         │                     └─ 学习进修
                         │                     ┌─ 子女花销
                         │                     ├─ 买车费
              消费账户 ──┼─ 家庭建设与个人发展 ┼─ 买房或房租费
                         │                     └─ 购置家电费
                         │                     ┌─ 捐助他人
                         ├─ 情感维系 ──────────┤
                         │                     └─ 接济亲戚、朋友
                         │                     ┌─ 娱乐休闲
                         └─ 享乐休闲 ──────────┼─ 美容保健
                                               └─ 旅游度假
```

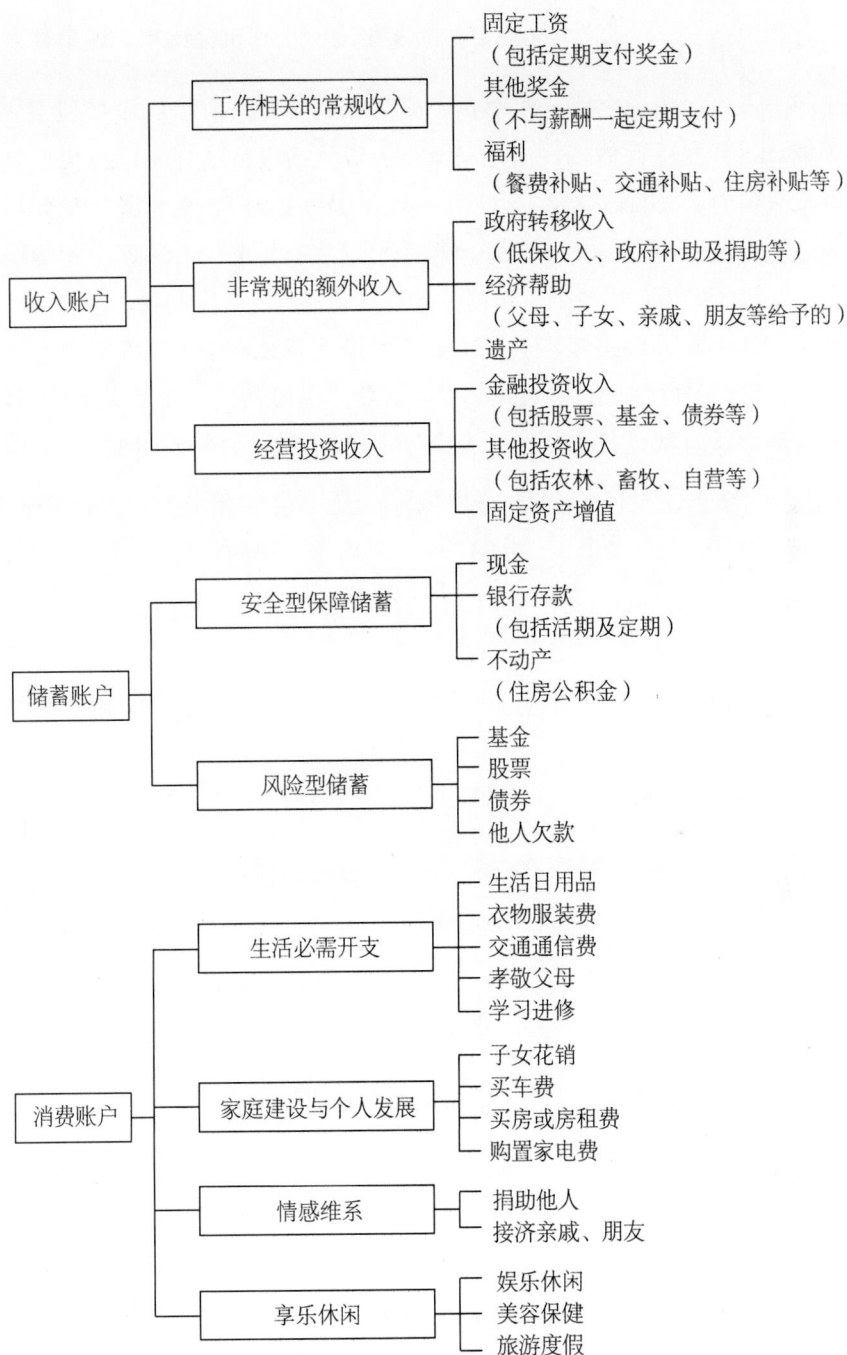

图 4-3　我国居民收入、储蓄及消费账户分类

型，其中 $\dfrac{P_i}{1 - P_i} = e^{\hat{\beta}_1 + \hat{\beta}_2 \cdot X}$ 称为事件的发生比，也称机会比率，即事件发生与不发生的概率之比。由于 μ_i 不服从正态分布，因此 Logit 模型不能采取 OLS 方法进行估计，而是采取极大似然法进行估计。Logit 模型具有几大特点：①随着 Z 从 $-\infty$ 变到 $+\infty$，P_i 从 0 变到 1，但 L_i 并不受此约束，可以从 $-\infty$ 变到 $+\infty$，即 Logit 模型可以将在 ［0，1］区间上预测概率的问题转化为在实数轴上预测一个事件发生的机会比问题。②与线性概率模型不同，Logit 模型 P_i 并不随着 X 增大而线性增大。③可以通过对数变化，更好地进行参数经济含义解释。一般来说，如果取第 J 个斜率系数的反对数，再从中减去 1 并乘以 100，将得到第 J 个回归元每增加 1 单位的机会比率的百分比变化。

Logit 模型采取极大似然估计法，设上述各自变量分别为 X_1，X_2，X_3，$\cdots$，X_k，则 $L_i = \ln\left(\dfrac{P_i}{1 - P_i}\right) = \beta_0 + \beta_1 X_{i1} + \beta_2 X_{i2} + \beta_3 X_{i3} + \cdots$ $+ \beta_k X_{ik} + \mu_i$，其中 $\dfrac{P_i}{1 - P_i}$ 称为机会比率。为了更好地解释 Logit 模型结果，在完成 Logit 回归后，取机会比率的反对数，可得到 $\dfrac{\hat{P}_i}{1 - \hat{P}_i}$ $= e^{\beta_0 + \beta_1 X_{i1}{}^* + \beta_2 X_{i2}{}^* + \beta_3 X_{i3}{}^* + \cdots + \beta_k X_{ik}{}^*} = e^{\beta_0} \cdot e^{\beta_1 X_{i1}{}^*} \cdot e^{\beta_2 X_{i2}{}^*} \cdot e^{\beta_3 X_{i3}{}^*} \cdot \cdots \cdot e^{\beta_k X_{ik}{}^*}$，这样可进一步获取第 k 个解释变量每增加 1 单位的机会比率的百分比变化。因此，在进行心智特征分析时，考虑到 Logit 模型特征，对图 4-3 中各账户取"有"或"无"的定性处理。

4.2.2　基于CHARLS数据的边际倾向检验

依据心理账户理论，主体会在心理上对收入、储蓄及消费进行账户分类，因此当不同来源收入变动相同数额时，同一类别储蓄及消费的变动幅度不同，即不同来源收入的边际储蓄倾向及边际消费倾向存在差异。在边际倾向检验时，分别核算图 4-3 各账户在问卷调查点上一年（即 2010 年）的数值状况，借以考察总收入及工作相关常规收入、非常规额外收入、经营投资收入的边际倾向，进一步证实心理账户在我国居民储蓄及消费支出行为中存在。由于城镇居民、农村居民的储蓄及消费模型存在差异，因此本研究考虑对CHARLS数据按照户籍对样本进行分类①，分别进行城镇、农村居民的边际储蓄倾向及边际消费倾向检验。

（1）边际储蓄倾向

通过将收入账户和储蓄账户各项内容的数值加总，并采取对数化处理，处理缺失值，最终获取城镇居民有效样本3 765个，农村居民有效样本13 598个，回归结果见表4-5。

表4-5 　　　　　　　　　我国居民边际储蓄倾向检验

项目	安全型保障储蓄		风险型储蓄	
	城镇	农村	城镇	农村
总收入	0.932*** （171.77）	0.916*** （297.96）	0.305*** （23.66）	0.263*** （44.48）
F检验	29 506.29***	88 779.58***	559.96***	1 978.53***
工作相关收入	0.161*** （11.77）	0.127*** （15.07）	0.615*** （5.24）	0.048*** （7.48）
非常规收入	−0.096*** （−5.80）	−0.032*** （−3.09）	−0.032** （−2.26）	−0.021*** （−2.76）
经营投资收入	0.035** （2.15）	0.058*** （8.75）	0.156*** （11.11）	0.053*** （10.45）
F检验 H_0：三种来源收入偏回归系数相等	80.59***	81.86***	39.55***	34.35***

注：表4-5第3至4行分别表示城镇、农村居民总收入边际储蓄倾向及F检验结果，第5至7行分别表示工作相关收入、非常规收入及经营投资收入的边际储蓄倾向，表格最后一行表示原假设为三种来源收入偏回归系数相等的F检验结果及显著性。（　）里标注各估计值的t统计量，**表示在5%的水平上显著，***表示在1%的水平上显著。

———————————
① 如果户籍为"统一户口"，则以调查主体户籍类型变更为"统一户口"之前的户籍状况为准。

　　由结果可知，从总收入来看，无论对城镇居民还是农村居民储蓄，总收入都具有显著的正影响，总收入每增加1%，城镇居民的安全型保障储蓄增加0.932%，农村居民的安全型保障储蓄增加0.916%，城镇居民的风险型储蓄增加0.305%，农村居民的风险型储蓄增加0.263%。总收入对不同储蓄账户的边际储蓄倾向不同，无论是城镇样本还是农村样本，均支持心理账户假说，且无论是安全型保障账户还是风险型账户，城镇居民的边际储蓄倾向均高于农村居民。

　　将总收入细分为工作相关收入、非常规收入及经营投资收入，考察不同来源收入对同一储蓄账户的边际储蓄倾向差异。首先分析城镇居民样本，三项来源收入对安全型保障储蓄账户和风险型储蓄账户的影响都是显著的，在其他两种收入不变的情况下，工作相关收入每增加1%，安全型保障储蓄增加0.161%，风险型储蓄增加0.615%；非常规收入每增加1%，安全型保障储蓄减少0.096%，风险型储蓄减少0.032%；经营投资收入每增加1%，安全型保障储蓄增加0.035%，风险型储蓄增加0.156%。表4-5最后一行表示以三种来源收入偏回归系数相等为原假设的F检验结果，分别为80.59和39.55，均在1%的水平上显著，充分拒绝原假设，即不同来源收入在两种类型储蓄账户中均表现出心理账户理论特征。从农村居民样本分析来看，三项来源收入对安全型保障储蓄账户和风险型储蓄账户的影响依然都是显著的。在其他两种收入不变的情况下，工作相关收入每增加1%，安全型保障储蓄增加0.127%，风险型储蓄增加0.048%；非常规收入每增加1%，安全型保障储蓄减少0.032%，风险型储蓄减少0.021%；经营投资收入每增加1%，安全型保障储蓄增加0.058%，风险型储蓄增加0.053%，且F检验的结果分别为81.86%和34.35%，均拒绝三种来源收入偏回归系数相等的原假设，表明农村样本同样支持心理账户理论假设。

　　将城镇与农村样本对比可以发现，同收入或同账户可比情况下，基本上城镇居民的边际储蓄倾向要高于农村居民，说明城镇居民的储蓄意识更加强烈。只有投资收入针对安全型保障储蓄账户的储蓄倾向上，农村居民要高于城镇居民，这是因为经营投资收入的核算主要包括畜牧、自营及农林收入，而这部分收入是农村居民收入的主要来源，因此为进行财富积累或保障未来生活，农村居民会更多地将经营投资收入进行储蓄，导致此来源收入的边际储蓄倾向更高。另外，由表4-5可知，在风险型储蓄账户方面，城镇居民的边际储蓄倾向要显著高于农村居民，说明城镇居民对于风险的承受力更强，更能接受风险型储蓄方式，当然这同时说明我国农村居民对于近年来金融市场的高速发展带来的储蓄方式转变没有很好地接受并利用。此外，值得注意的是，工作相关收入与经营投资收入的影响都是正向的，这符合储蓄随收入的增加而增加的一般规律，然而非常规收入对储蓄账户的影响表现为负，这是因为在非常规收入的核算项目中，主要包括政府转移支付及亲戚朋友给予的经济帮助，因此非常规收入的主要用途是为生活状况不好的居民家庭提供经济保障，在非常规收入增加的情况下，说明居民的生活状况较差，更多资金用来弥补基本生活支出，因此对储蓄的影响为负向。

（2）边际消费倾向

通过将收入账户和消费账户各项内容的数值加总，并采取对数化处理①，处理缺失值，最终获取城镇居民有效样本3 714个，农村居民有效样本13 419个，回归结果见表4-6。

从结果可以看出，无论城镇居民样本还是农村居民样本，总体收入水平对生活必需开支、家庭建设与个人发展、情感维系及享乐休闲四个账户均有显著正影响，总收入每增加1%，城镇居民生活必需开支增加0.086%，农村居民生活必需开支增加0.100%；城镇居民家庭建设与个人发展支出增加0.035%，农村居民家庭建设与个人发展支出增加0.139%；城镇居民情感维系支出增加0.063%，农村居民情感维系支出增加0.035%；城镇居民享乐休闲账户支出增加0.029%，农村居民享乐休闲账户支出增加0.063%。可以看出，两个样本中三种收入来源针对四个消费账户的边际消费倾向均不同，心理账户效应存在。

---

① 由于生活必需开支、家庭建设与个人发展、情感维系及享乐休闲四个账户中，存在数值为0的情况，如果直接对数会造成样本大量缺失，因此本研究在对数化过程中采取log（x+1）形式。为确保log（x+1）不会对回归结果造成大的偏误，笔者分别检验log（x+0.1）、log（x+1）、log（x+10）三种变化下的回归结果，对比发现三种情况下各变量回归系数变动不大，且符号一致，显著性一致。

表4-6

我国居民边际消费倾向检验

项目	生活必需开支		家庭建设与个人发展		情感维系		享乐休闲	
	城镇	农村	城镇	农村	城镇	农村	城镇	农村
总收入	0.086*** (12.30)	0.100*** (17.41)	0.035** (2.43)	0.139*** (12.20)	0.063*** (7.39)	0.035*** (6.81)	0.029** (2.32)	0.063*** (7.98)
F检验	151.23***	303.04	5.89**	148.79***	54.61***	46.37***	5.37**	63.76***
工作相关收入	0.117*** (16.64)	0.087*** (19.23)	0.045*** (3.02)	0.080*** (8.91)	0.099*** (11.50)	0.029*** (7.05)	0.097*** (7.74)	0.049*** (8.03)
非常规收入	-0.043*** (-5.00)	-0.018*** (-3.34)	0.053*** (2.89)	0.034*** (3.10)	-0.006 (-0.55)	0.009* (1.89)	-0.120*** (-7.82)	-0.013* (-1.68)
经营投资收入	0.058*** (6.96)	0.059*** (16.25)	-0.014 (-0.78)	0.073*** (10.05)	0.011 (1.09)	0.018*** (5.53)	0.012 (0.82)	0.027*** (5.54)
F检验 H_0: 三种来源收入偏回归系数相等	114.63***	123.93***	3.87**	6.22***	41.58***	5.54***	66.41***	23.05***

注：表4-6第3至4行分别表示城镇、农村居民总收入边际消费倾向及F检验结果，第5至7行分别表示工作相关收入、非常规收入及经营投资收入的边际消费倾向，表格最后一行表示原假设为三种来源收入偏回归系数相等的F检验结果及显著性。（）里标注各估计值的t统计量，*表示在10%的水平上显著，**表示在5%的水平上显著，***表示在1%的水平上显著。

　　将总收入账户细分为工作相关收入、非常规收入和经营投资收入，分别考察三种收入对四类消费的边际消费倾向差异。从城镇样本来看，工作相关收入对四类消费账户均存在显著正影响，即在其他收入不变的情况下，随着工作相关收入增加1%，生活必需开支增加0.117%，家庭建设与个人发展消费增加0.045%，情感维系支出增加0.099%，享乐休闲消费增加0.097%。非常规收入对除情感维系之外的消费账户均有显著影响，其中对家庭建设与发展账户的影响为正，对其余两个账户的影响为负，这仍然受到非常规收入的核算项目影响，以政府转移支付和亲友接济为主要构成的非常规收入增加，表明居民生活状况较差，故而生活必需消费及享乐休闲消费反而减少，而情感维系支出主要包括接济亲友，与非常规收入核算内容相似、方向相反，因此影响不显著。经营投资收入仅对生活必需支出账户产生显著影响，而对其余消费账户无显著影响，这是由于经营投资收入并不是城镇居民的主要收入来源，因此居民对此收入的变动不敏感。进一步分析农村样本，从生活必需开支账户来看，三类收入账户变动均对其有显著影响，且系数存在明显差异，当其他收入保持不变时，工作相关收入每增加1%，生活必需开支增加0.087%；经营投资收入每增加1%，生活必需开支增加0.059%，这符合凯恩斯的绝对收入假说，即短期内，随着收入的增加，消费随之增加；而非常规收入对生活必需开支存在显著负影响，非常规收入每增加1%，生活必需开支减少0.018%，说明政府转移支付及亲友间经济援助可以很好地减少主体在生活必需上的支出，保障农村居民基本生活水平。家庭建设与个人发展与情感维系账户类似，三类收入变动均对两者产生显著正影响，但边际消费倾向存在差异。从享乐休闲账户来看，工作相关收入及经营投资收入都对其有显著正影响，但影响幅度不同，而非常规收入则对其有显著负影响，非常规收入每增加1%，享乐休闲支出减少0.013%，这说明由于非常规收入增加，主体生活条件较差，需要获取更多的政府及亲友帮助，在基本生活难以得到保障的时候，享乐休闲支出必然会减少。

　　表4-6最后一行是对原假设为各来源收入偏回归系数相等的F检验

结果，由结果可知，无论是城镇样本还是农村样本，均拒绝原假设，因此同一消费账户下，不同来源收入的边际消费倾向显著不同，支持心理账户假说。另外，通过对比各来源收入对四类支出账户的边际影响数值可以发现，工作相关收入的边际消费倾向相对最高，经营投资收入次之，非常规收入的边际消费倾向最低，甚至出现负向影响，这与 Shefrin 和 Thaler（1988）认为可支配收入的边际消费倾向最高一致。

城乡结果对比来看，农村居民消费行为对各项收入来源的变动都很敏感，而城镇居民消费行为对经营投资收入的变动并不敏感。从现阶段城乡经济发展状况来看，应大力发展农村经济，增加农村居民各项收入，提高农村居民可支配收入水平，才能进一步促进农村居民消费。

4.3 基于Logit模型的心智特征分析

在结束心理账户理论的微观检验之后，为了进一步获取我国城镇、农村居民的消费账户特征，以便制定更具针对性的相关政策，本研究将引入一些主观特征，运用Logit模型进行我国城镇、农村居民的心智特征分析。

主观特征主要包括性别、年龄、受教育程度、婚姻状况、是否享有医疗保险、子女数量、主观健康程度、主观生活水平及收入水平。①性别作为人类最基本的划分标准，同时也是影响居民储蓄及消费行为的最主要因素之一，对居民的消费模式、种类、态度等都会产生影响，许多相关研究也证实了男女差异对于分析消费者行为差异的重要作用。②不同年龄的居民的主要消费需求及消费能力也可能存在差异，考虑到CHARLS调查主体集中在45岁及以上居民，因此将年龄分为45~65岁、66~85岁及85岁以上三个组进行考察。③居民的受教育程度从一定程度上决定居民的可支配收入水平，同时影响居民的消费观念，因此随着受教育程度的变化，居民对各项支出的消费可能会存在差异，本研究按照文盲、小学毕业、初中毕业、高中毕业和本科及以上五个级别对居民受教育程度进行分类。④婚姻状况对居民生活产生两方面影响：一方面有家庭的人需要承担更多的生活负担及责任，生活重心也将发生转变，故而资金消费的重点也可能与未婚居民不同；另一方面未婚居民由于不需要承担家庭责任故而不注重财富的积累，反而使得消费水平下降。⑤是否享有医疗保险①主要从预防性储蓄角度考虑主体在有无保障的状态下的消费及储蓄差异，没有享有保险的居民可能具有更高的预防性储蓄动机，因此会减少消费，增加储蓄。⑥根据莫迪格利安尼的生命周期假说，人在青少年阶段为负储蓄，因此子女数量增多会增加居民的抚养负担，进而对消费产生影响，而自从我国实行计划生育政策以来，我国居民尤其是城镇居民都仅有一个子女，因此本研究考虑将子女数量分为 0 个、1 个和 1 个以上三个组别，分别考察有无子女以及是否拥有独生子女对居民消费行为的影响。⑦主观健康程度是居民对自身健康的主观判断，这会影响居民的消费欲望及消费目的，同时也可以反映主观判断对消费的影响，因此本研究将主观判断结果分为不好、一般、好三个等级。⑧同主观健康程度判断一样，主观生活水平判断也是基于居民主观性而可能存在的影响消费因素，主观认为自己生活水平居平均水平之上的人，会认为自己更具消费能力，且生活态度积极，消费意愿可能更加强烈。⑨收入水平是居民储蓄及消费的经济基础，因此不同收入水平等级的居民的消费模式及消费能力必然不同，本研究将居民年收入水平划分为 5 000 元及以下、5 001~10 000 元、10 001~20 000元、20 001~50 000 元和 50 000 元以上五个级别进行考察。

通过对图 4-3 所示消费四个账户（生活必需开支、家庭建设与个人发展、情感维系和享乐休闲）中各核算内容进行"有"或"无"的定性处理，进而获取四种消费支出的定性处理结果，即是否存在生活必需开支、是否存在家庭建设与个人发展开支、是否存在情感维系开支及是否存在享乐休闲开支，本部分仅关注上述九项因素对我国居民消费心理账户的影响，不作定量分析。

---

① 此项下城镇居民与农村居民处理方式不同，城镇居民考察是否包括医疗保险、商业保险在内的所有保险形式，而农村居民则只考察是否享有"新农合"保险，这是因为农村居民的保险意识不强，主要以"新农合"保险为主，且这样可以直接考察国家推行"新农合"保险对我国农村居民消费行为的影响。

（1）城镇居民心理账户特征

经数据核算、缺失值处理，最终获得城镇居民有效样本2 142个，将性别、年龄、受教育程度、婚姻状况、是否享有医疗保险、子女数量、主观健康程度、主观生活水平及收入水平引入分析，通过建立Logit模型，考察各变量对我国居民的消费账户的影响，并对显著的回归系数取反对数，获取机会比率结果，进一步对系数进行更有参考意义的经济解释，最终结果见表4-7。

表4-7　　　　　　　我国城镇居民支出账户的Logit模型

项目	生活必需	Exp	家庭建设与个人发展	Exp	情感维系	Exp	享乐休闲	Exp
截距项	16.940 (0.01)		1.060 (1.26)		-3.010*** (-2.57)		-2.680*** (-2.97)	
1.性别								
男性	0		0		0		0	
女性	-0.271 (-0.95)		0.145 (1.15)		0.086 (0.67)		0.294*** (2.94)	1.342
2.年龄								
45~65岁	0		0		0		0	
66~85岁	-0.813*** (-2.56)	0.443	-0.065 (-0.48)		0.087 (0.60)		0.380*** (3.45)	1.463
85岁以上	-2.066*** (-3.37)	0.127	-0.705 (-1.60)		0.247 (0.43)		0.174 (0.38)	
3.受教育程度								
文盲	0		0		0		0	
小学毕业	0.149 (0.43)		0.483*** (2.59)	1.621	-0.052 (-0.21)		0.777*** (4.15)	2.175

续表

项目	生活必需	Exp	家庭建设与个人发展	Exp	情感维系	Exp	享乐休闲	Exp
初中毕业	0.901** (2.03)	2.461	0.373* (1.88)	1.452	0.179 (0.71)		1.065*** (5.50)	2.902
高中毕业	1.429** (2.14)	4.174	0.436* (1.84)	1.546	0.703*** (2.64)	2.019	1.303*** (6.08)	3.679
本科及以上	0.694 (1.49)		0.731*** (3.14)	2.077	0.843*** (3.32)	2.324	1.741*** (8.44)	5.703
4.婚姻状况								
已婚	0		0		0		0	
未婚	−0.748** (−2.42)	0.473	−0.142 (−0.80)		−0.304 (−1.43)		−0.530*** (−3.45)	0.588
5.保险								
有	0		0		0		0	
无	−0.632 (−1.27)		0.067 (0.35)		0.789*** (2.80)	2.201	0.243 (1.44)	
6.子女数量								
0个	0		0		0		0	
1个	−13.706 (−0.01)		0.997 (1.36)		0.630 (0.58)		1.299 (1.54)	
1个以上	−13.488 (−0.01)		0.758 (1.06)		0.535 (0.49)		1.038 (1.24)	
7.主观健康状况								
好	0		0		0		0	
一般	0.179 (0.53)		−0.310* (−1.95)	0.734	−0.088 (−0.64)		−0.136 (−1.21)	

续表

项目	生活必需	Exp	家庭建设与个人发展	Exp	情感维系	Exp	享乐休闲	Exp
不好	−0.382 (−1.05)		−0.641*** (−3.59)	0.527	−0.738*** (−3.78)	0.478	−0.648*** (−4.59)	0.523
8.主观生活水平								
平均以上	0		0		0		0	
平均水平	0.927* (1.95)	2.527	−0.488 (−1.33)		−0.242 (−0.96)		0.051 (0.22)	
平均以下	0.947* (1.88)	2.578	−0.458 (−1.23)		−0.325 (−1.21)		−0.292*** (−1.23)	0.747
9.年收入水平								
5 000元及以下	0		0		0		0	
5 001~10 000元	0.004 (0.01)		−0.023 (−0.11)		0.128 (0.54)		0.138 (0.79)	
10 001~20 000元	0.004 (0.01)		0.002 (0.01)		0.402* (1.91)	1.495	−0.108 (−0.62)	
20 001~50 000元	0.406 (0.75)		0.166 (0.81)		0.667*** (3.87)	1.948	0.100 (0.67)	
50 000元以上	0.927 (0.89)		0.645* (1.67)	1.906	1.082*** (4.62)	2.952	0.651*** (2.84)	1.918
LR统计量	61.13***		52.24***		150.07***		225.05***	

注：表4-7各行表示各项主观特征的Logit回归结果，（ ）为对应z值。Exp表示各系数的反对数，仅在回归系数显著时标注。表格最后一行显示Logit回归的LR统计量及显著性。***代表1%的置信水平，**代表5%的置信水平，*代表10%的置信水平。

城镇居民 Logit 回归结果如下：①性别对生活必需开支、家庭建设与个人发展和情感维系账户没有显著影响，而对享乐休闲账户有显著正影响。相对于男性来说，女性具有享乐休闲开支的机会比率增加34.2%，说明城镇居民中，男性与女性在生活必需等基本生活消费及情感维系上没有显著差异，而女性在旅游及美容休闲娱乐方面表现出比男性更加强烈的倾向。②年龄对生活必需开支账户有显著影响，随着年龄增加，城镇居民生活必需开支存在的可能性降低，与45~65岁组相比，66~85岁及85岁以上组分别减少56.7%和87.3%，这主要由于随着城镇居民年龄增长，日常生活用品更新较慢，对于交通通信及服装等商品需求也随之下降。此外，年龄对享乐休闲账户有部分影响，66~85岁组比45~65岁组存在该账户的可能性减少46.3%，这与我国国家法定退休年龄有关（女50岁或55岁，男55岁或60岁），因此相比于45~65岁组，66~85岁组有更充足的时间进行文化娱乐消费，并需要更多的保健支出。③居民受教育程度对家庭建设与个人发展账户和享乐休闲账户支出影响显著，随着受教育程度的提高，存在家庭建设与个人发展账户的机会比率分别上升62.1%、45.2%、54.6%及107.7%，享乐休闲账户存在的机会比率分别上升117.5%、190.2%、267.9%和470.3%。由结果可以发现，受教育程度的提高，尤其是本科及以上学历居民在家庭建设与个人发展及享乐休闲上的影响巨大，充分说明随着受教育程度的提高，居民的消费观念可能会存在巨大改变。同时我们可以发现，本科及以上学历对除生活必需支出没有显著影响外，对其他三个账户均有显著正影响，这从另一个方面间接说明高学历对于获得更高水平收入可能性的影响。④与已婚居民相比，未婚居民存在生活必需开支及享乐休闲开支的可能性都显著降低，分别降低52.7%和41.2%，从机会比率数值大小可以看出是否成婚对于城镇居民的消费影响程度还是比较大的，说明未婚居民由于缺少家庭责任，因此对基本的生活品需求及文娱支出的需求下降。⑤是否享有医疗保险（包括城镇职工医疗保险、城镇居民医疗保险、公费医疗及自购商业医疗保险在内的多种保险）仅对情感维系账户产生显著影响，与享有保险的居民相比，没有医疗保险的居民存在情感维系支出的机会比率增加120.1%，同时对其他三个账户均无显著影响，这说明医疗保障并未显著地降低城镇居民的储蓄意愿进而增加各账户消费支出。⑥从子女数量来看，无论是否拥有子女及是否拥有独生子女，对城镇居民四项消费账户并无显著影响。⑦与主观健康状况良好的居民相比，主观健康状况差的居民存在家庭建设与个人发展、情感维系及享乐休闲支出账户的机会比率都会降低，分别降低47.3%、52.2%和47.7%，这说明如果居民认为自身健康状况欠佳，那么除生活必需开支之外，无论是对购买家电还是接济亲友，抑或对旅游美容等娱乐休闲消费的需求都下降，说明居民对自身的健康状况还是比较敏感的。⑧与主观生活水平判断在平均水平之上相比，处于平均水平与平均水平之下的居民，存在生活必需开支的机会比率分别上升152.7%和157.8%，说明当生活水平下降时，居民更倾向于满足生活必需消费，因此存在该账户的机会比率更高。而主观生活水平判断状况较差的居民存在享乐休闲消费的机会比率下降25.3%，这主要与消费能力及消费观念有关。此外，可以发现，家庭建设与个人发展和情感维系账户对主观生活水平判断不敏感，说明城镇居民自身生活水平好坏，虽然对于接济子女、孝敬父母等消费的影响为负，但不显著。⑨年收入对情感维系账户影响显著，随着居民年收入的增加，居民存在情感维系开支的机会比率分别上升49.5%、94.8%和195.2%，可以看出收入水平增加会使主体接济亲友及社会捐助的倾向更加强烈。横向比较发现，仅当年收入达到50 000元以上时，居民存在家庭建设与个人发展、情感维系及享乐休闲账户的机会比率都显著增加，但其余收入水平等级对这三个账户的影响不显著，这说明只有当年收入满足一定水平或达到某一特定门限值时，居民年收入才会对以上三个消费账户产生显著影响。

（2）农村居民心理账户特征

经数据核算、缺失值处理，最终获得农村居民有效样本8 944个，同城镇居民一样，将性别、年龄、受教育程度、婚姻状况、是否享有医疗保险、子女数量、主观健康程度、主观生活水平及收入水平这些可能对居民心理账户产生影响的因素引入分析，Logit模型结果见4-8。

表4-8 我国农村居民支出账户的Logit模型

项目	生活必需	Exp	家庭建设与个人发展	Exp	情感维系	Exp	享乐休闲	Exp
截距项	15.748 (0.03)		0.643 (1.43)		−16.032 (−0.04)		−1.148** (−2.29)	
1.性别								
男性	0		0		0		0	
女性	0.130 (0.84)		0.150*** (2.62)	1.161	0.176** (2.29)	1.193	0.175*** (3.02)	1.191
2.年龄								
45~65岁	0		0		0		0	
66~85岁	−1.065*** (−6.51)	0.345	−0.314*** (−5.24)	0.731	−0.062 (−0.72)		−0.025 (−0.39)	
85岁以上	−1.729*** (−4.88)	0.178	−0.247 (−1.04)		−0.719 (−1.53)		−0.328 (−1.10)	
3.受教育程度								
文盲	0		0		0		0	
小学毕业	0.163 (1.01)		0.264*** (4.30)	1.302	0.184** (2.14)	1.202	0.163** (2.52)	1.177
初中毕业	0.747** (2.39)	2.110	0.339*** (3.88)	1.404	0.118 (1.02)		0.147* (1.71)	1.159
高中毕业	−0.001 (−0.00)		0.370** (2.57)	1.447	−0.024 (−0.13)		0.160 (1.21)	
本科及以上	0.386 (0.38)		0.819** (2.13)	2.267	1.029*** (3.39)	2.799	0.969*** (3.74)	2.636
4.婚姻状况								
已婚	0		0		0		0	
未婚	−0.435*** (−2.59)	0.647	0.056 (0.71)		0.126 (1.13)		0.031 (0.37)	
5.新农合保险								
有	0		0		0		0	
无	0.176 (0.68)		0.036 (0.33)		−0.079 (−0.52)		−0.021 (−0.18)	

续表

项目	生活必需	Exp	家庭建设与个人发展	Exp	情感维系	Exp	享乐休闲	Exp
6.子女数量								
0个	0		0		0		0	
1个	−12.642		0.536		13.556		−0.170	
	(−0.02)		(1.32)		(0.03)		(−0.36)	
1个以上	−12.110		0.780**	2.181	13.258		−0.149	
	(−0.02)		(1.99)		(0.03)		(−0.32)	
7.主观健康状况								
好	0		0		0		0	
一般	0.024		0.017		0.127		−0.148**	0.862
	(0.12)		(0.24)		(1.37)		(−2.23)	
不好	−0.162		−0.148**	0.862	0.196*	1.217	−0.216***	0.806
	(−0.81)		(−2.02)		(1.95)		(−2.95)	
8.主观生活水平								
平均以上	0		0		0		0	
平均水平	0.092		−0.302		0.176		−0.174	
	(0.21)		(−1.61)		(0.81)		(−1.17)	
平均以下	−0.179		−0.605***	0.546	−0.012		−0.479***	0.620
	(−0.41)		(−3.22)		(−0.06)		(−3.17)	
9.年收入水平								
5 000元及以下	0		0		0		0	
5 001~10 000元	1.068***	2.909	0.093		0.281***	1.324	0.199***	1.221
	(4.44)		(1.35)		(2.87)		(2.71)	
10 001~20 000元	1.063***	2.895	0.123*	1.131	0.444***	1.559	0.329***	1.390
	(3.86)		(1.66)		(4.50)		(4.37)	
20 001~50 000元	1.215***	3.370	0.523***	1.687	0.499***	1.647	0.714***	2.042
	(3.47)		(5.57)		(4.61)		(9.08)	
50 000元以上	1.614**	5.025	0.999***	2.718	1.095***	2.990	0.858***	2.358
	(2.25)		(5.53)		(7.82)		(7.40)	
LR统计量	210.32***		253.94***		118.95***		231.51***	

注：表4-8各行表示各项主观特征的Logit回归结果，（ ）为对应z值。Exp表示各系数的反对数，仅在回归系数显著时标注。表格最后一行显示Logit回归的LR统计量及显著性。***代表1%的置信水平，**代表5%的置信水平，*代表10%的置信水平。

　　农村居民 Logit 回归结果如下：①性别对家庭建设与个人发展、情感维系及享乐休闲三个账户均有显著正影响。相对于男性来说，女性具有家庭建设与个人发展开支的机会比率增加 16.1%，具有情感维系开支的机会比率增加 19.3%，具有享乐休闲开支的机会比率增加 19.1%，说明女性更看重家庭关系维系，且更喜爱旅游及美容休闲。而性别对生活必需开支无显著影响，说明无论男性还是女性，对于基本生活用品、服装、交通等开支需求并无明显差异。②从年龄来看，随着年龄增加，生活必需开支存在的可能性减少，与 45~65 岁组相比，66~85 岁及 85 岁以上组分别减少 65.5% 和 82.2%。此外，年龄对家庭建设与个人发展账户有部分影响，66~85 岁组比 45~65 岁组存在该账户的可能性减少 26.9%。③居民受教育程度对家庭建设与个人发展账户支出影响显著，随着受教育程度的提高，存在该账户的机会比率分别上升 30.2%、40.4%、44.7% 及 126.7%。家庭建设与个人发展账户核算主要包括子女教育、购置车房等项目，因此随着受教育水平的上升，居民获得高收入的可能性增加，投资及教育理念也有所不同。横向比较各支出账户发现，虽然各学历水平的影响不一，但小学学历对除生活必需支出账户影响不显著外，对其他三个支出账户均有显著正影响，支出存在的机会比率分别增加 30.2%、20.2% 及 17.7%，说明随着小学教育的普及，农村居民获取收入能力增加，因而家庭建设、亲友援助及享乐休闲开支存在的可能性随之增加。另外，本科及以上学历也对除生活必需开支之外的其他三个支出账户均有显著正影响，支出存在的机会比率分别增加 126.7%、179.9% 及 163.6%，与小学毕业居民相比，三类开支存在的机会比率增加幅度更高，证明高等教育对于提高人力资本的重要性。④居民是否已婚仅对生活必需开支存在显著影响，未婚居民存在生活必需开支的可能性降低 35.3%。⑤是否享有"新农合"保险对四类支出账户均无显著影响，可见我国农村居民并未由于拥有基本的医疗保险而对四类账户实现从无到有的转变，这种降低预防性储蓄的政策影响更可能体现在支出数额变动的绝对值上，在本研究中并未得到体现。⑥从子女数量来看，仅当子女数量超过 1 个时，对家庭建设与个人发展支出有显著正影响，账户存在机会比率与无子女相比增加 118.1%，这是由于家庭建设与个人发展账户核算中包含子女花销一项，而子女数量对其他三个支出账户无显著影响。⑦随着居民主观健康状况的下降，产生享乐休闲支出的机会比率下降，与一般之上的群组相比，主观健康状况判断在一般及不好时，机会比率分别下降13.8%和19.4%。如果主观健康状况不好，除对生活必需支出账户无显著影响外，对其他三个账户都有显著影响。⑧主观生活水平在平均水平之下对家庭建设与个人发展及享乐休闲支出账户有显著的负影响，与主观生活水平在平均水平之上的群组相比，存在家庭建设与个人发展支出的可能性下降45.4%，存在享乐休闲支出的可能性下降38%。如果主观生活水平判断在平均水平之下，居民会将可支配收入主要用于保障基本生活，对于购置车房、援助子女、旅游美容等方面支出需求不足。⑨年收入对四类支出账户影响显著（除家庭建设与个人发展账户中一组数据外），随着居民年收入的增长，四类支出存在的机会比率显著上升，符合一般情况下收入与消费正向关系。以享乐休闲账户为例，随着年收入水平由5 000元及以下逐步上升至50 000元以上，居民存在享乐休闲支出的机会比率分别增加22.1%、39.0%、104.2%和135.8%。

4.4 从收入来源角度分析我国居民储蓄

近年来，在国家出台的一系列扩内需、促消费的政策驱动下，虽然总居民储蓄率仍保持在较高水平，但我国城镇、农村居民的消费水平也得到了巨大提高。然而，我国城乡消费发展并不平衡。图4-4是1990—2013年我国农村居民及城镇居民消费水平绝对值变化的趋势图，可以看出，虽然我国城镇、农村居民的消费水平逐年增长，尤其是近年来增长迅猛，但相比于城镇居民，农村居民的消费水平仍然很低，且增长相对缓慢，导致二者的消费水平绝对差值呈逐年扩大趋势。很多学者从城乡二元结构及城乡收入差异角度对此现象进行解释（邱晓华和万东华，1991；张利庠，2007；周靖祥和王贤彬，2011；赵黎明等，2013），但仍需考虑城乡居民心理因素差异，即针对不同来源收入的边际储蓄倾向差异对储蓄行为的影响。

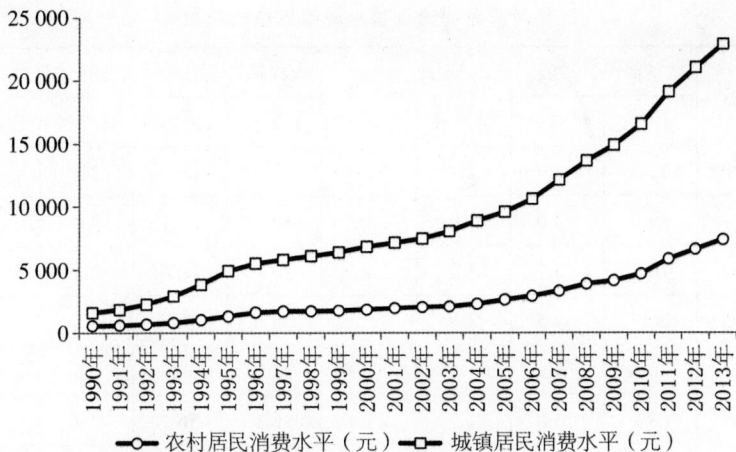

图4-4　城镇居民及农村居民消费水平

根据本章的研究结果，无论是城镇居民样本还是农村居民样本，四种来源收入的边际储蓄倾向均存在显著差异，支持心理账户假说，且城乡居民相同来源收入的边际储蓄倾向也存在较大差异。下面将不同来源收入的边际储蓄倾向差异与不同来源收入的变化趋势（见表4-9）结合起来，分析我国城乡居民消费差距的原因。

（1）工资性收入

通过比较方程（1）和方程（2）的回归结果可知，无论对于城镇居民还是农村居民，工资性收入的边际储蓄倾向都很高，从数值上来看，仅次于财产性收入的边际储蓄倾向。对于城镇居民来说，工资性收入的边际储蓄倾向为0.389。由表4-9可知，工资性收入是城镇居民日常收入的主要来源，占总收入的60%以上，因此工资性收入为城镇居民储蓄提供主要资金基础，但近年来，工资性收入占城镇居民总收入的比重呈下降趋势，从2000年的71.2%下降至2012年的64.3%，因此城镇居民的储蓄会相应减少。但对农村居民来说，回归结果显示，工资性收入的影响显著为负，随着工资性收入的增加，储蓄反而减少，这可能是由于对于农村居民来说，工资性收入不是传统主要收入来源，因此工资性收入与Shefrin和Thaler（1988）的当前可支配账户类似，因主观价值较低而具有较高的边际消费倾向，有时还会产生过度消费行为。近年来农村居民工资性收入占比逐年增加，可以从一定程度上促进农村居民消费。

表4-9 我国城乡居民各项来源收入所占比重

年份	城镇居民各项收入来源所占比重（%）				农村居民各项收入来源所占比重（%）			
	工资性	经营性	财产性	转移性	工资性	经营性	财产性	转移性
2000	71.2	3.9	2.0	22.9	31.2	63.3	2.0	3.5
2001	69.9	4.0	1.9	24.2	32.6	61.7	2.0	3.7
2002	70.2	4.1	1.2	24.5	33.9	60.0	2.0	4.0
2003	70.7	4.5	1.5	23.3	35.0	58.8	2.5	3.7
2004	70.6	4.9	1.6	22.9	34.0	59.5	2.6	3.9
2005	68.9	6.0	1.7	23.4	36.1	56.7	2.7	4.5
2006	68.9	6.4	1.9	22.8	38.3	53.8	2.8	5.0
2007	68.7	6.3	2.3	22.7	38.6	53.0	3.1	5.4
2008	66.2	8.5	2.3	23.0	38.9	51.2	3.1	6.8
2009	65.7	8.1	2.3	23.9	40.0	49.0	3.2	7.7
2010	65.2	8.1	2.5	24.2	41.1	47.9	3.4	7.7
2011	64.3	9.2	2.7	23.8	42.5	46.2	3.3	8.1
2012	64.3	9.5	2.6	23.6	43.5	44.6	3.1	8.7
2013	66.6	13.4	3.4	16.6	41.6	38.6	2.2	17.6
2014	66.3	13.1	3.6	16.9	42.7	37.3	2.3	17.7
2015	66.2	12.8	3.7	17.4	43.3	36.5	2.4	17.8
2016	65.7	12.9	3.6	17.8	43.1	36.2	2.3	18.3
2017	65.4	12.8	3.7	18.2	43.1	35.8	2.4	18.8
2018	65.2	13.2	3.6	18.0	42.8	35.7	2.5	19.0

数据来源：2000—2019年各年度《中国统计年鉴》。从2013年起，国家统计局开展了城乡一体化住户收支与生活状况调查，2013年及以后数据来源于此项调查，与2013年前的分城镇和农村住户调查的调查范围、调查方法、指标口径有所不同。

（2）经营性收入

经营性收入对两个样本的影响均存在显著正影响，经营性收入每变动1%，城镇居民储蓄增加0.296%，农村居民储蓄增加0.975%。经营性收入是指居民通过经常性的生产经营活动而取得的收益，尤其对于农村居民来说，经营性收入是日常收入的主要来源，2000年，经营性收入占总收入比重为63.3%。虽然近年来占比有所下降，但仍保持在40%左右，因此，农村居民由经营性收入带来的储蓄量很高。而对于城镇居民来说，经营性收入的边际储蓄倾向偏低，随着城镇居民经营性收入的快速增长（2012年占比数值是2000年的2.4倍），经营性收入带来的储蓄量增长并不迅速，这也是近年来城镇居民消费水平显著提升的关键原因之一。

（3）财产性收入

财产性收入的变动对城镇居民及农村居民储蓄均存在显著正影响，即随着财产性收入增加，居民储蓄增加。在四种来源收入中，财产性收入的边际储蓄倾向最高，财产性收入每增加1%，城镇居民储蓄增加0.502%，农村居民储蓄增加2.515%。财产性收入核算过程中，主要包括出让财产使用权所获得的利息、租金、专利收入，财产营运所获得的红利收入、财产增值收益等，主要涉及家庭拥有的动产（如银行存款、有价证券）和不动产（如房屋、车辆、收藏品等）。在我国，存款和房产等作为居民储蓄及投资的重要形式，也是居民最稳定的获取未来收入的重要途径，与Shefrin和Thaler（1988）中未来收入账户类似，因此居民对于此类收入具有较高的边际储蓄倾向，研究结果符合我国现实情况。由表4-9可知，虽然财产性收入在总收入中所占比重不高，仅为3%左右，但是具有很高的增长速度，尤其对于农村居民来说，2000—2012年，占比增加了55%，而结合2.515的边际储蓄倾向，导致农村居民储蓄的上升。

（4）转移性收入

由回归结果可知，转移性收入对城镇居民及农村居民储蓄均无显著影响，这是因为转移性收入主要是指国家、单位、社会团体对居民家庭的各种转移支付和居民家庭间的收入转移，包括政府对个人收入转移的离退休金、失业救济金、赔偿等。因此，转移性收入相对固定，并不作为居民储蓄的主要来源，对居民储蓄影响并不显著。但随着近年来农村居民转移性收入占比增加，转移性收入对居民储蓄的作用不可忽视，应保持持续关注。

综合来看，对于城镇居民来说，边际储蓄倾向较高的工资性收入占比近年来下降并趋于稳定，而边际储蓄倾向较低的经营性收入占比增速迅猛；对于农村居民来说，边际储蓄较高的经营性收入在下降，工资性收入显著增长。此外，我们可以发现，无论是何种来源收入，农村居民的边际数值均高于城镇样本，这说明对于相同的收入变动，农村居民的边际储蓄倾向更强。最主要的原因是农村居民的收入水平相对城镇居民较低，因此家庭财富积累较少，当面对新增收入时，除必要消费之外，农村居民更倾向于将收入进行储蓄以获取更高的财富积累。另外，相对于城镇居民来说，农村居民的教育、医疗、养老等福利体系相对落后，尤其是经历医疗、教育改革之后，成本大大提高，而农村居民缺乏完善的养老金制度，老年时期消费完全依赖之前的财富积累，因此农村居民储蓄意识更加强烈。因此，总体来看，城镇居民的储蓄呈下降趋势，消费水平增长迅速，而农村居民的消费水平增速有限，这样本研究就从收入来源角度，对近年来我国城乡居民消费差异提出了另一种可能的解释。

4.5 本章小结

本章将行为金融学中心理账户理论引入我国居民储蓄与消费问题的分析之中，提出心理账户理论的可检验假设，即对传统金融中财富可替代性假设提出挑战，认为收入来源不同会对居民边际储蓄倾向产生影响，同一来源收入，根据支出账户不同，边际消费倾向也不同。理论检验分为宏观检验和微观检验两个方面：宏观检验使用我国 31 个省、自治区、直辖市城镇、农村居民人均可支配收入、工资性收入、经营性收入、财产性收入和转移性收入及消费支出年度数据，核算居民储蓄数据并进行四项来源收入的边际储蓄倾向检验；微观检验使用中国健康与养老追踪调查（CHARLS）数据，通过对中国居民收入-储蓄-消费三个维度上心理账户的核算，运用回归方法证实储蓄和消费维度上各账户间的边际倾向不同，并进行我国城镇、农村居民消费行为心理账户特征分析。主要结论如下：①宏观检验的结果支持心理账户理论，即工资性收入、经营性收入、财产性收入和转移性收入的边际储蓄倾向显著不同。②无论城镇居民样本还是农村居民样本，转移性收入对居民储蓄的影响都不显著，其余三种收入的边际储蓄倾向：财产性收入>工资性收入>经营性收入，且农村居民表现出更高的储蓄倾向。③微观检验结果同样支持心理账户理论，工作相关收入、非常规收入和投资经营收入在不同储蓄账户及消费账户中表现出显著的边际倾向差异。④我国城镇居民与农村居民的消费心智特征存在较大差异，性别、年龄、受教育程度、婚姻状况、是否享有医疗保险、子女数量、主观健康程度、主观生活水平及收入水平对两个样本回归均存在不同程度影响。最后，本章从不同来源收入的边际储蓄倾向出发，结合各来源收入的变化趋势，试图从新的视角解释近年来我国城乡消费差距日益扩大这一现象。

5 前景理论与居民储蓄

　　传统视角下的居民储蓄研究以理性人为基础假设,研究居民在信息完全、认知无偏情况下的消费决策,消费者在风险决策中根据最优化原则制定消费决策,遵循预期效用理论。但消费者并非绝对理性的,在信息接收、信息处理、信息输出、信息反馈等过程中很可能存在认知偏差,导致非理性行为或群体行为。行为金融学的兴起,为这些非理性行为提供了合理的解释,并在心理学实验结果的基础上,试图构建以非理性行为为前提的理论体系,以更好地刻画符合现实的决策主体在风险决策下的行为。其中,前景理论作为应用最广泛的理论之一,以决策主体面对收益与损失的风险态度差异为理论基础,提出决策主体的决策行为同时由价值函数与权重函数决定,而非预期效用理论中的效用函数。前景理论认为决策主体的效用并不取决于财富的期末总值,而是取决于以参照点为依据的财富水平变化,因此当收入状况发生变化时,居民的储蓄决策也可能随之变化。本章将前景理论引入我国居民储蓄行为的分析之中,在理论检验的基础上,考察城乡居民损失厌恶程度差异,试图从收入波动角度解释我国高储蓄现象及城乡消费差距。

5.1 模型构建

传统储蓄模型认为消费者基于生命周期持久收入的预期值制定当期消费决策，进而实现生命周期内的效用最大化，即满足生命周期–持久收入假说。在此假说下，可预期的当期收入变动不会对消费主体的当期消费产生影响，当期消费应满足随机游走假说。然而，生命周期–持久收入假说是建立在三个内嵌假设之上的，第一是人们有能力进行生命周期内的最优化安排，第二是具有充足的自控力，第三是财富的可替代性。然而，在居民实际消费储蓄行为中，以上三个假设均难以实现，因此生命周期–持久收入假说的适用性也受到了质疑。本章首先基于 Hall（1978）提出生命周期–持久收入假说的可检验模型，进一步，将前景理论中损失厌恶特征引入模型，以上一期收入作为参照点，分别考察当期收入增加和减少两种情况下居民消费的变动情况，建立基于损失厌恶的前景理论可检验方程。

5.1.1 生命周期–持久收入假说

Hall（1978）从收入为内生变量的角度考察生命周期–永久收入假说模型，当消费者最大化预期效用时，未来边际效用的条件期望仅是关于当前消费的函数，即边际效用遵循随机游走假设。他认为在传统生命周期模型中，决策主体需要在不确定性条件下，以总资本为约束条件，解决如下效用最大化问题：

$$\text{Max} E_t \sum_{\tau=0}^{T-t} (1+\delta)^{-\tau} u(c_{t+\tau}) \tag{1}$$

$$\text{s.t.} \sum_{\tau=0}^{T-t} (1+r)^{-\tau} (c_{t+\tau} - w_{t+\tau}) = A_t \tag{2}$$

其中，E_t 表示基于 t 期所有可得信息的期望，δ 表示主观的时间偏好，r 表示实际利率（$r \geqslant \delta$），T 表示生命周期，u（.）表示个体效用函数（严格凹的），c_t 表示消费，w_t 表示收入，A_t 表示资产（人力资本除外）。每期收入 w_t 是随机的，也是不确定性来源。在 t 期，消费者利用所有可得信息选择消费 c_t 来最大化预期生命周期效用。

Zeldes（1989）认为，如果收入是随机的，那么上述最大化问题难以计算出结果。通过改变扰动项参数，可以导出最优解的一阶条件（即欧拉方程），前提是一阶条件保证不同时期个体面对消费变动时预期效用不会提高，因此进一步假设经济主体具有常相对风险规避形式的效用函数。最终得到欧拉方程：

$$\frac{U'\left(C_{t+1}\right)\left(1+r_{j,t}\right)}{U'\left(C_t\right)(1+\delta)} = 1 + e_{j,t+1} \tag{3}$$

进一步，Campbell 和 Mankiw（1990）假设经济体中有两类主体，第一类主体按照当前收入消费，第二类主体按照持久收入消费，两类主体的可支配收入分别为 Y_{1t} 和 Y_{2t}，经济体的总可支配收入为两类主体的可支配收入之和，即 $Y_t=Y_{1t}+Y_{2t}$。假设第一类主体占总可支配收入的比例为 λ，可得 $Y_{1t} = \lambda Y_t$，$Y_{2t} = (1-\lambda)Y_t$。若第一类主体按照当前收入水平进行消费，则 $C_{1t} = Y_{1t}$，等式两边同时差分可得 $\Delta C_{1t} = \Delta Y_{1t} = \lambda \Delta Y_t$；与第一类主体相对，第二类主体按照持久收入水平进行消费，则 $C_{2t} = Y_{2t}^P = (1-\lambda)Y_t^P$，等式两边同时差分，得到 $\Delta C_{2t} = \mu + (1-\lambda)\varepsilon_t$，其中，$\mu$ 是常数，ε_t 是主体对 t-1 期与 t 期的总可支配收入的评估值变化，正交于与 t-1 期主体信息相关的任何变量。此时，总消费变动可表示为：

$$\Delta C_t = \Delta C_{1t} + \Delta C_{2t} = \mu + \lambda \Delta Y_t + (1-\lambda)\varepsilon_t \tag{4}$$

因此，生命周期-持久收入的假说检验转化为对（4）式中 λ 值的检验，若 λ 的估计值=0，则说明生命周期-持久收入假说成立；反之，则不成立。Campbell 和 Mankiw（1990）指出，由于误差项 ε_t 正交于各变量的滞后期，但并不正交于 ΔY_t，因此如果采用 OLS 估计方法，将会导致估计不一致。

为了解决估计不一致的问题，考虑使用工具变量法进行参数估计。任何平稳的滞后变量都是有效的工具变量，因为均与误差项 ε_t 正交。当然，好的工具变量必须与 ΔY_t 具有相关性。假设存在 K 个工具变量，

Z_{1t}, …, Z_{Kt}，那么上述（4）式可以看作工具变量对 ΔC_t 和 ΔY_t 分别直接进行回归，表示为：

$$\Delta C_t = \beta_0 + \beta_1 Z_{1t} + \cdots + \beta_K Z_{Kt} + \eta_{Ct} = Z_t \beta + \eta_{Ct}$$
$$\Delta Y_t = \gamma_0 + \gamma_1 Z_{1t} + \cdots + \gamma_K Z_{Kt} + \eta_{Yt} = Z_t \gamma + \eta_{Yt} \tag{5}$$

永久收入假说认为向量 $\beta = 0$（$\beta_1 = \cdots = \beta_K = 0$），可直接使用 OLS 方法对（5）中第一式进行检验。当工具变量个数大于 1 个时，方程（4）受到过度识别约束。最简单的方式就是使用 $K - 1$ 个工具变量，并使用 Wald 检验来检验这些工具变量的联合显著性。Flavin（1981）使用 Y_t 的滞后项作为工具变量，Mankiw 和 Shapiro（1985）认为如果 Y_t 具有单位根，那么引入滞后项会导致统计问题。Campbell（1987）认为 C_t 的滞后项是很有效的工具变量，因为根据永久收入假说，C_t 能很好地涵盖关于未来 Y_t 的全部信息，如果主体有关于未来 Y_t 的好消息，那么 C_t 将会帮助预测 Y_t。然而，由于 C_t 的滞后项不平稳，因此不能被用作工具变量，根据（4）式，ΔC_t 和 ΔY_t 存在协整关系，此时，储蓄 $S_t \equiv Y_t - C_t$，是平稳的。因此，S_t 或 ΔC_t 的滞后项可以增加估计参数 λ 过程中的精确度。

Hall（1978）随机游走假说建立在实际利率固定的严格假设之上。利率能够影响消费并预测收入（Fischer 和 Merton，1984；Litterman 和 Weiss，1983；Michener，1984），因此必须考虑将实际利率引入。根据 Hall（1988），Mankiw（1981）可知，考虑实际利率变动的消费欧拉方程可表示为对数线性形式，即：

$$\Delta c_t = \mu + (1/\alpha) r_t + \varepsilon_t \tag{6}$$

r_t 表示实际利率，ε_t 是误差项。因此，考虑一个更加一般的模型，认为一部分主体满足（4）式，占总体收入 λ，另一部分满足（6）式，此时，回归方程变为：

$$\Delta c_t = \mu + \lambda \Delta Y_t + \beta r_t + \varepsilon_t \tag{7}$$

其中，$\beta = (1 - \lambda)/\alpha$。因此，基于生命周期–持久收入假说的可检验计量模型可简化表示为（7）式，通过检验参数 λ 即可确认该假说是否成立，如果 λ 显著大于 0，则表明当期收入变动会对当期消费产生

显著影响，此时，不满足生命周期-持久收入假说；反之，则该假说
成立。

5.1.2　基于损失厌恶的前景理论可检验模型

损失厌恶现象认为消费主体面对同样数量的收益与损失时，损失带
来的心理冲击程度更加强烈，体现在前景理论价值函数中，则表现为损
失部分函数的斜率更加陡峭。因此，损失厌恶的检验核心内容有两个方
面：一是确定参照点，进而将问题转化为"收益"和"损失"两种状
态；二是分别进行"收益"和"损失"状态下的回归分析，并比较两种
状态下的斜率，即变动率的变化程度。

Kahneman 等（1991）认为人的幸福感不仅仅来自当期消费，还取
决于与前期消费的比较。Bowman 等（1999）建立一个两期消费、储蓄
模型，消费者面临 2 期不确定的收入，而每期效用取决于当期消费及与
前期消费的比较。因此，本研究参照 Shea（1995）考虑将上期可支配
收入作为参考点，以当期可支配收入与上期可支配收入的比较来判断状
态为"收益"还是"损失"，因此当期可支配收入的变动可进一步细分
为两种情况，分别对应 $Y_t > Y_{t-1}$ 和 $Y_t < Y_{t-1}$。当 $Y_t > Y_{t-1}$ 时，消费主
体将这种状态看作"收益"状态；反之，当 $Y_t < Y_{t-1}$ 时，为"损失"
状态。此时方程（7）可变为：

$$\Delta c_t = \mu + \lambda_1 \left(POS_t \right) \Delta y_t + \lambda_2 \left(NEG_t \right) \Delta y_t + \beta r_t + \varepsilon_t \tag{8}$$

Δy_t 和 Δc_t 分别表示 t 期的可支配收入变动及消费变动，r_t 表示实际利
率，POS 和 NEG 都是虚拟变量，其中，POS 表示"收益"状态，NEG 表
示"损失"状态。前景理论的检验转化为对参数 λ_1 和参数 λ_2 的大小比
较，当 $\lambda_2 > \lambda_1$ 时，说明存在损失厌恶现象，支持前景理论。Shea
（1995）通过对美国 1956—1988 年季度数据检验发现参数 λ_2 显著大于参
数 λ_1，即当消费主体面临当期可支配收入小于上期可支配收入的情况
时，消费主体的消费变动更加明显，结果支持前景理论。Drakos
（2002）使用相同方法对希腊居民 1960—1999 年可支配收入与消费数据
进行前景理论检验，得到类似结论。此外，通过对参数 λ_1 和参数 λ_2 的

大小比较，不仅可以验证前景理论，而且可以同时进行流动性约束及短视行为检验[①]（Shea，1995）。

5.2　基于省际面板数据的检验

5.2.1　研究思路、数据及方法

本章第一小节已经对基于生命周期–持久收入假说以及包含损失厌恶的前景理论建立的可检验计量模型进行论述，本节考虑利用宏观数据分别对上述两个模型进行检验，进而检验生命周期–持久收入假说和前景理论在我国的适用性。另外，考虑到城镇、农村居民在收入水平、消费习惯及心理特征等方面存在差异，因此本研究将我国居民进行区分，分别进行城镇、农村居民两个样本的检验。

由前述可知，已有研究对于前景理论在我国居民消费的宏观检验方面相对有限，且使用数据结构单一。考虑到面板数据在控制个体异质性、避免多重共线性及动态分析上具有明显优势，因此本研究在前景理论宏观检验上，选取我国31个省、自治区、直辖市城镇居民2005年1季度至2012年4季度、农村居民2003年1季度至2010年4季度的人均可支配收入及人均现金消费支出数据，分别进行城镇样本及农村样本检验。数据来源为Wind数据库。为了使图表清晰，将31个省、自治区、直辖市进行编号（见表5–1），后续图形中均以编号表示各省、自治区、直辖市。

估计方法上，传统面板估计方法的一个前提是解释变量与干扰项不相关。当此假设不满足时，就会产生内生性问题。因此，考虑到回归模型本身可能存在内生性问题，采用豪斯曼检验进行内生性判断，如果存在内生性问题，进一步确定选用随机效应模型或固定效应模型。为了更好地解决扰动项异方差或自相关问题，选用广义矩估计（Generalized

---

① 当 $\lambda_2 = \lambda_1$，且 $\lambda_1 > 0$，$\lambda_2 > 0$ 时，消费者具有短视行为；当 $\lambda_2 < \lambda_1$，且 $\lambda_1 > 0$ 时，消费者面临流动性约束。详见 Shea（1995）。

表5-1　　　　　　　31个省、自治区、直辖市及编号对照表

省、自治区、直辖市名称	数字编码	省、自治区、直辖市名称	数字编码	省、自治区、直辖市名称	数字编码
安徽	1	湖北	12	陕西	23
北京	2	湖南	13	上海	24
福建	3	吉林	14	四川	25
甘肃	4	江苏	15	天津	26
广东	5	江西	16	西藏	27
广西	6	辽宁	17	新疆	28
贵州	7	内蒙古	18	云南	29
海南	8	宁夏	19	浙江	30
河北	9	青海	20	重庆	31
河南	10	山东	21		
黑龙江	11	山西	22		

Method of Moments，GMM）。广义矩估计方法是基于模型实际参数满足一定矩条件而形成的一种参数估计方法，因其不需要知道随机误差项的准确分布信息，且允许随机误差项存在异方差和序列相关，因此广义矩估计方法在模型参数估计中得到广泛应用，且所得到的参数估计量比其他参数估计方法（最小二乘法、极大似然法等）更有效。广义矩估计方法的基本思想是：在随机抽样中，样本统计量将依概率收敛于某个常数，而这个常数又是分布中未知参数的一个函数。这样，可以在不知道分布的情况下，利用样本矩构造方程（包含总体的未知参数），进而利用这些方程求得总体的未知参数。工具变量选取方面，既需要考虑工具变量与内生性的相关关系，又要考虑其与干扰项无关，因此需要进行弱工具变量检验及过度识别检验，确定最终的有效工具变量。本章使用Stata 12.0作为主要分析工具。

5.2.2　基于我国城镇居民样本的实证检验

城镇居民样本的前景理论检验，数据选取 2005 年 1 季度至 2012 年 4 季度，31 个省、自治区、直辖市城镇居民人均可支配收入及人均现金消费支出季度数据，考虑到季度数据的数据特征，采用 Census X12 方法分别对城镇居民人均可支配收入及人均现金消费支出数据进行季节调整，然后再对经过季节调整后的数据进行通货膨胀平减获取各变量序列的实际值，考虑到 31 个省、自治区、直辖市物价变动情况有差异，因此选取 31 个省、自治区、直辖市城镇消费者物价指数（CPI）分别对 31 个省、自治区、直辖市城镇居民人均可支配收入及人均现金消费支出进行平减，以获取更加贴近实际的数据序列。其中，CPI 选取 2003 年 1 月为基期的月度环比数据，取各季度内月平均值计算季度 CPI。图 5-1 是 31 个省、自治区、直辖市城镇居民人均可支配收入、人均消费支出的时间趋势图，从图中可以看出，不同省、自治区、直辖市的人均可支配收入、人均消费支出的时间趋势不尽相同，有些省份相对平稳（比如甘肃、青海、新疆等），有些省份的上升趋势明显（比如北京、江苏、天津等）。

（1）面板单位根检验

由于人均可支配收入及人均消费序列并不平稳，因此在进行回归分析之前，使用面板单位根检验方法进行平稳性检验。面板单位根检验方法可以很好地克服传统单个时序单位根检验的小样本偏误，且从一定程度上控制不可观测的个体效应和截面相关性，本研究采用 IPS 检验及 LLC 检验方法进行检验，两种方法的原假设一致，即 H_0：面板中的所有截面对应的序列都是非平稳的，符合 I（1）过程。IPS 检验由 Im, Pesaran 和 Shin（2003）提出，假设面板数据中共有 n 个相互独立的个体，每个个体均包括 T 个时期的观测值。对每个个体的时间序列分别构造一个 ADF 检验，并为每个个体方程选择适当的滞后期数（可以不相同）。记第 i 个个体的 t 统计量为 t_i，计算所有个体统计量的样本均值 $\bar{t} = \dfrac{1}{n}\sum_{i=1}^{n} t_i$，然后构造统计量：

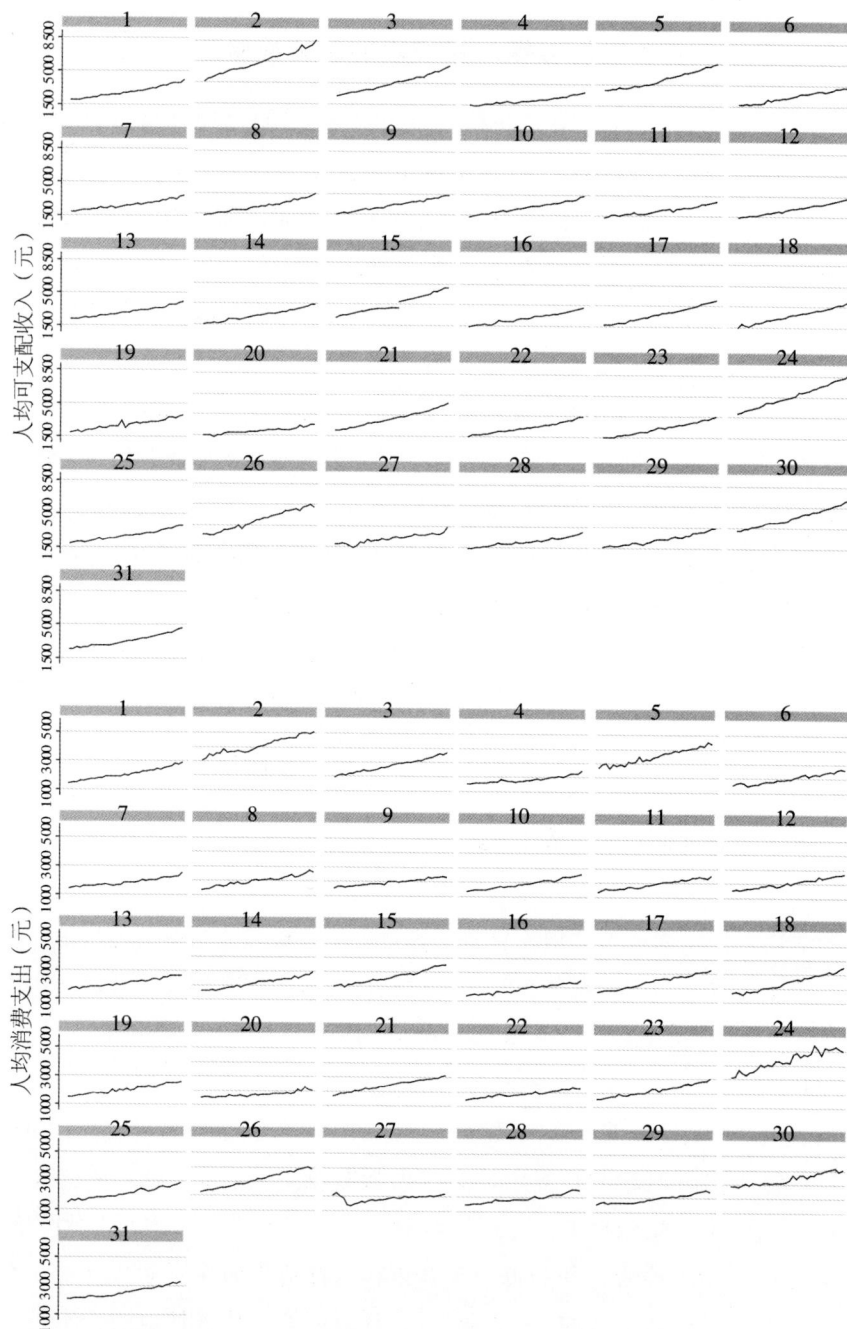

图5-1　我国31个省、自治区、直辖市城镇居民人均可支配收入、

人均消费支出的时间趋势图

$$Z_{\bar{t}} \equiv \frac{\bar{t} - E(\bar{t})}{\sqrt{Var(\bar{t})/n}} \xrightarrow{d} N(0,1)$$

其中，$E(\bar{t})$ 与 $Var(\bar{t})$ 为 $\bar{t}$ 的理论均值与方差，可通过查表获得。

LLC 检验是由 Levin，Lin 和 Chu（2002）提出的，假设每个个体的自回归系数都相等，即 $\Delta y_{it} = \alpha_i + \beta_i t + \delta y_{i,t-1} + \varepsilon_{it}$（$i = 1, \cdots, n$；$t = 1, \cdots, T$)，其中 $\{\varepsilon_{it}\}$ 为平稳的 ARMA 过程，而共同的自回归系数 δ 不依赖于个体 i。对上式进行混合回归，可得估计量 $\hat{\delta}$ 及其对应的 t 统计量。表 5-2 列出了 IPS 检验与 LLC 检验方法下对数化人均可支配收入（lny）及人均消费支出（lnc）及其差分项的平稳性检验结果，图 5-2 显示 31 个省、自治区、直辖市人均可支配收入及人均消费支出差分项的图形，可以看出，经差分处理后，31 个省、自治区、直辖市的图均表现平稳。

表5-2 城镇样本序列平稳性检验结果

变量	方法	统计量	临界值	p值	滞后阶数
lny	IPS检验（包含常数和时间趋势）	0.700	−2.360[①]	0.758	4
lnc	IPS检验（包含常数和时间趋势）	0.472	−2.360	0.681	4
D_y	IPS检验（包含常数和时间趋势）	−25.484	−2.360	0.000	1
D_c	IPS检验（包含常数和时间趋势）	−22.158	−2.360	0.000	1
lny	LLC检验（包含常数和时间趋势）	−12.948	3.763	0.999	3
lnc	LLC检验（包含常数和时间趋势）	−13.327	5.247	1.000	3
D_y	LLC检验（包含常数和时间趋势）	−35.812	−19.184	0.000	1
D_c	LLC检验（包含常数和时间趋势）	−31.979	−14.217	0.000	1

注：滞后阶数选取根据 AIC 准则确定。

———————————

① 取 5% 显著性水平的临界值。

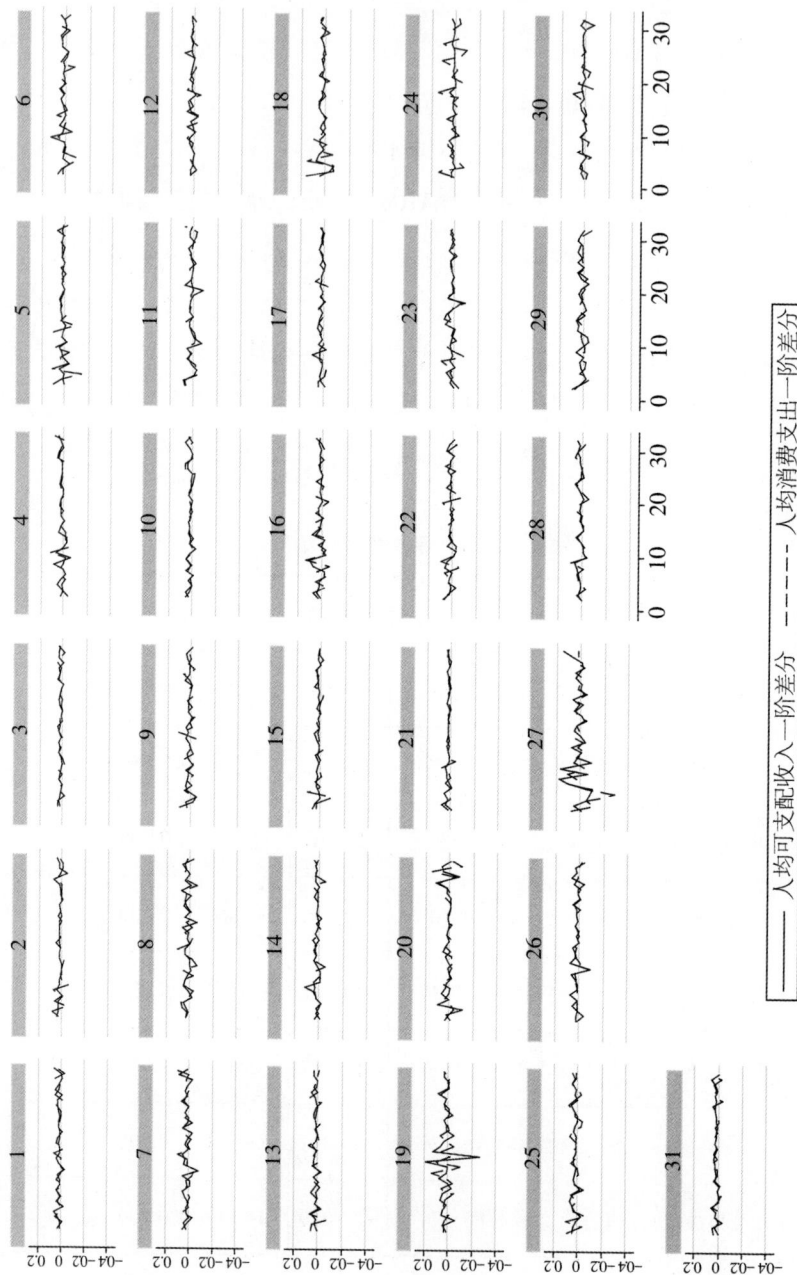

图5-2 我国31个省、自治区、直辖市城镇人均人均可支配收入及人均消费支出差分图

人均可支配收入—阶差分　　----- 人均消费支出—阶差分

（2）Hausman检验

在对面板数据进行回归时，首先需要通过豪斯曼检验（Hausman检验）来确定究竟使用固定效应（FE）还是随机效应（RE）模型。Hausman检验的原假设为：随机影响模型中个体影响与解释变量不相关，检验过程中所构造的统计量W形式如下：

$$W = \left[b - \hat{\beta}\right]' var\left[b - \hat{\beta}\right]^{-1}\left[b - \hat{\beta}\right]$$

统计量W服从自由度为k的卡方分布，k为模型中解释变量的个数，Hausman检验结果见表5-3。

表5-3 **城镇样本豪斯曼检验结果**

	FE	RE	差分	标准误
$(POS)\Delta Y_t$	0.4936	0.4795	0.0140	0.0128
$(NEG)\Delta Y_t$	0.3547	0.3985	−0.0438	0.0266
r_t	0.0569	0.0567	0.0002	0.0002
常数	0.0066	0.0071	−0.0005	0.0004
Hausman统计量	4.72		p值	(0.0942)

由表5-3可知，结果在10%水平上拒绝原假设H_0：随机效应模型是最具有效率的，即豪斯曼检验表明应使用固定效应模型。但考虑到面板数据中使用聚类稳健标准差与普通标准差或导致较大结果差异，此时传统豪斯曼检验并不适用，因此需要采用辅助回归，即

$$-\hat{\theta}\bar{y}_i = \left(x_{it} - \hat{\theta}\bar{x}_i\right)'\beta + \left(1 - \hat{\theta}\right)z_i'\delta + \left(x_{it} - \bar{x}_i\right)'\gamma + \left[\left(1 - \hat{\theta}\right)\mu_i + \left(\varepsilon_{it} - \hat{\theta}\bar{\varepsilon}_i\right)\right]$$ 来

进行固定效应模型或随机效应模型选择[①]。结果服从自由度为2的卡方分布，统计量=17.87，p值为0.0001，强烈拒绝原假设H_0：$\gamma = 0$，即拒绝随机效应，表明应使用固定效应模型。

（3）GMM估计

本研究借鉴国外已有研究（Campbell和Mankiw，1990；Shea，1995；Drakos，2002），工具变量选取人均可支配收入、人均消费支出及利率的滞后期。本研究选取不同变量、不同滞后阶数的组合形成工具

---

① 首先，进行RE估计，得到$\hat{\theta}$，然后用$\hat{\theta}$对模型进行如上变换，最后进行辅助回归与检验。

变量组，见表5-4。

表5-4 **城镇样本回归工具变量表**

第一组	$\Delta y_{t-2}, \cdots, \Delta y_{t-6}$
第二组	$\Delta y_{t-2}, \cdots, \Delta y_{t-4}$; $r_{t-2}, \cdots, r_{t-4}$
第三组	$\Delta c_{t-2}, \cdots, \Delta c_{t-4}$; $r_{t-2}, \cdots, r_{t-4}$
第四组	$\Delta y_{t-1}, \cdots, \Delta y_{t-3}$; $r_{t-1}, \cdots, r_{t-3}$
第五组	$\Delta y_{t-1}, \cdots, \Delta y_{t-4}$; $\Delta c_{t-1}, \cdots, \Delta c_{t-4}$; $r_{t-1}, \cdots, r_{t-4}$

注：本表列出估计方程所需的五组工具变量。其中，Δy表示人均实际可支配收入的增长率，Δc表示人均实际消费的增长率，r表示名义利率减去通货膨胀率（消费者价格指数）得到的实际利率。

①生命周期-持久收入假说检验

如前所述，本研究首先进行生命周期-持久收入假说检验，即分别采用上述工具变量组对回归方程 $\Delta c_t = \mu + \lambda \Delta Y_t + \beta r_t + \varepsilon_t$ 进行广义矩估计，结果见表5-5。

表5-5 **城镇居民生命周期-持久收入假说检验**

	$\Delta c_t = \mu + \lambda \Delta y_t + \beta r_t + \varepsilon_t$					
	模型1 OLS	模型2 IV1	模型3 IV2	模型4 IV3	模型5 IV4	模型6 IV5
λ	0.447 (7.28) ***	0.619 (3.14) ***	0.682 (4.13) ***	0.741 (3.54) ***	0.286 (3.51) ***	0.060 (0.79)
β	0.057 (2.27) **	0.034 (0.55)	0.053 (0.86)	0.048 (0.76)	0.067 (1.11)	0.102 (1.70) *
F统计量	26.50***	5.66***	10.13***	7.83***	7.22***	1.92
LM统计量		31.948***	46.030***	29.611***	196.039***	218.203***
Cragg-Donald Wald F统计量		6.62	8.066	5.079	42.309	24.532
Sargan统计量		16.672***	13.993**	6.426	13.809**	187.186***

注：本表包括六组不同设定下模型参数估计结果。模型1为OLS估计，模型2至模型6分别对应工具变量组1~5。第三行和第四行分别是参数λ及参数β的估计值，（）内为对应t值。第五行是F统计量，表示模型总体显著性。第六至八行分别表示识别不足、弱工具变量及过度识别检验结果。***表示在1%的水平上显著，**表示在5%的水平上显著，*表示在10%的水平上显著。

参数 λ 为不考虑消费对当期收入变化反应非对称性的情况下，当期收入变化时，城镇居民消费的变动情况。如果生命周期-持久收入假说成立，那么参数 λ 应等于 0。由结果可以看出，无论是采取 OLS 方法，还是分别采用工具变量组 1~4 的 GMM 方法，得到的 λ 数值均显著不等于 0，虽然采用工具变量组 5 的情况下，参数 λ 不显著，但是可以从调整 R^2 及 F 统计量看出，在工具变量组 5 设定下，模型整体的显著性及解释力均存在问题，因此得到关于参数 λ 的估计值并不具有说服力。在参数 λ 结果显著的几组设定中，当期收入变动的消费弹性 $\left(\dfrac{d \log C}{d \log Y}\right)$ 在 0.286 至 0.741 之间浮动，可以看出当可预期收入发生变动时，城镇居民并不能严格遵循生命周期-持久收入假说，按照一生预期收入水平确定消费水平，而是根据当期收入变动情况调整消费水平，且调整方向为正，当收入增加时，消费增加；当收入减少时，消费随之减少。

参数 β 衡量实际利率变动情况下，城镇居民消费的变动状况。由结果可以发现，只有使用 OLS 估计时该参数为 0.057，结果显著，模型 2 至模型 5 情况下，参数 β 均不显著。利率对消费的影响存在替代效应和收入效应，本研究实证结果显示，实际利率变化对城镇居民消费的影响并不显著，这可能是由于我国利率始终未实现完全市场化，名义利率由中央银行统一进行调整，并未真实反映我国居民对货币的供需情况，利率根据市场变动的调整力度差，因此人们并不能根据实际利率调整自己的消费-储蓄计划，进而实现终生效用最大化。

从模型总体来看，模型 2 至模型 6 均采用 GMM 方法进行估计，分别选取人均可支配收入、人均消费支出及实际利率的不同滞后期组合作为工具变量组。值得注意的是，在使用工具变量法时，需要检验工具变量组是否存在识别不足、弱工具变量及过度识别问题，分别对应 LM 统计量、Cragg-Donald Wald F 统计量及 Sargan 统计量。从结果来看，模型 2 至模型 6 的 LM 统计量全部在 1% 的水平上显著，充分拒绝存在识别不足问题的原假设，说明工具变量与内生变量相关性较强，不存在识别不足的问题。Cragg-Donald Wald F 统计量均不显著，因此不能拒绝工具变量与内生性相关性强的原假设，即不存在弱工具变量问题。Sargan 统计量服从卡方分布，结果表明，仅有模型 4 不显著，不能拒绝原假设，即对应选取工具变量组人均消费支出滞后 2 期至滞后 4 期及实际利率滞后 2 期至滞后 4 期是合理的，与内生变量（人均可支配收入变动）具有一定的相关性，同时与干扰项互不相关。而其余 4 个工具变量组均存在过度识别问题，即与干扰项相关，这样得到的回归结果存在偏误。从模型 4 结果来看，当期收入每变动 1 个单位，消费随之变动 0.741 个单位，消费弹性比较大，说明城镇居民面临当期收入变动时，并不能很好地忽略短期收入变动，没有按照生命周期-持久收入假说所揭示的终生预期收入为参考进行消费，结果不支持 LCH/PIH。

②基于损失厌恶的前景理论检验

为了进一步揭示收入变动时消费变动情况，以 Kahneman 和 Tversky（1979）提出的前景理论为理论依据，收入变动分为收入增加与收入减少两种情况，分别考察两种变动情况下，城镇居民消费支出变动的方向及变动幅度。前景理论认为以参照点为基准，收益与损失带给主体的心理冲击程度不同，主体面对损失时反应更加强烈。本研究以收入滞后一期为参照点，当期收入增加时认为是收益，当期收入减少时认为是损失，考察收益与损失两种情况下，主体消费水平的变动状况，回归方程变为 $\Delta c_t = \mu + \lambda_1(POS_t)\Delta y_t + \lambda_2(NEG_t)\Delta y_t + \beta r_t + \varepsilon_t$，其中，$\lambda_1$ 表示当期收入增加（POS_t）时，消费变动情况；λ_2 表示当期收入减少（NEG_t）时，消费变动情况。若前景理论成立，那么 $\lambda_2 > \lambda_1 > 0$，若生命周期-持久收入假说成立，那么 $\lambda_2 = \lambda_1 = 0$。工具变量组与生命周期-持久收入假说检验保持一致，仍选取人均可支配收入、人均消费支出、实际利率的不同滞后期组合，共 5 组。回归结果见表 5-6。

表 5-6 第三行和第四行分别显示了收入增加时消费变动参数 λ_1 与收入减少时消费变动参数 λ_2，仅在采取 OLS 方法时，λ_1 大于 λ_2，说明收入增加时消费增加更加明显，但如前所说，由于存在内生性问题，所以 OLS 估计值存在偏误。在采取 GMM 估计的五个模型中，尽管 λ_1 与 λ_2 绝对值相差幅度不同，但 λ_2 绝对值均大于 λ_1 绝对值（虽然在某些模型中，

表5-6　　　　　　　　　　　城镇居民前景理论检验

$\Delta c_t = \mu + \lambda_1\left(POS_t\right)\Delta y_t + \lambda_2\left(NEG_t\right)\Delta y_t + \beta r_t + \varepsilon_t$						
	模型1 OLS	模型2 IV1	模型3 IV2	模型4 IV3	模型5 IV4	模型6 IV5
λ_1	0.494 $(5.26)^{***}$	1.252 $(2.99)^{***}$	0.664 $(2.18)^{**}$	0.676 $(2.33)^{**}$	0.999 $(2.95)^{***}$	1.750 $(4.72)^{***}$
λ_2	0.355 $(2.28)^{***}$	−1.983 $(−1.45)$	0.756 (0.70)	1.141 (0.97)	1.111 $(1.72)^{*}$	−2.823 $(−4.63)^{***}$
β	0.057 $(2.20)^{**}$	0.103 (1.16)	0.051 (0.76)	0.037 (0.51)	0.079 (1.13)	0.126 (1.31)
F统计量	20.89^{***}	3.41^{**}	6.67^{***}	4.80^{***}	5.24^{***}	8.26^{***}
LM统计量		5.812	5.525	5.207	17.011^{***}	31.991^{***}
Cragg-Donald Wald F统计量		1.162	0.919	0.866	2.870	2.731
Sargan统计量		5.817	13.833^{***}	5.753	5.637	49.92^{***}
F统计量 $H_0:\lambda_1 = \lambda_2 = 0$ $H_1:\lambda_1 \neq 0,\lambda_2 \neq 0$	30.80^{***}	4.68^{***}	8.42^{***}	5.79^{***}	7.09^{***}	11.76^{***}

注：本表包括六组不同设定下模型参数估计结果。模型1为OLS估计，模型2至模型6分别对应工具变量组1~5。第三行至第五行分别是参数λ_1、λ_2及参数β的估计值，（）内为对应t值。第六行是F统计量，表示模型总体显著性。第七至九行分别表示识别不足、弱工具变量及过度识别检验结果。最后一行F检验，H_0：$\lambda_1 = \lambda_2 = 0$。***表示在1%的水平上显著，**表示在5%的水平上显著，*表示在10%的水平上显著。

λ_2的系数不显著，这可能是由于在2005—2012年城镇居民收入季度数据中，收入减少的情况较小，样本量偏小，导致结果不显著）。这说明在城镇居民面对可预期的收入减少时，消费变动的幅度更加明显。在表格最下面一行列出了针对$\lambda_1 = \lambda_2 = 0$的F检验结果，通过结果可以发现，所有模型均在1%的显著性水平上拒绝原假设H_0，说明λ_1显著不等于λ_2，且二者不等于0。结果充分支持前景理论对收入增加或减少情况下，主体消费变动幅度不一致的假设，同时进一步否定生命周期-持久收入假说。

参数β在模型2至模型6中均不显著，可能原因前文已做说明，此处不赘述。模型总体显著性F检验也均显著，说明各模型设定下，方程的总体回归性良好，但仍需进一步考察识别不足、弱工具变量及过度识别问题。模型2、3、4的LM统计量均无法拒绝存在识别不足问题的原假设，而模型5和模型6则在1%的显著性水平上拒绝原假设，此时工具变量组不存在识别不足问题，相对比较合理。Cragg-Donald Wald F统计量表明，模型2至模型6均不能拒绝原假设，即工具变量与内生变量相关性足够强，不存在弱工具变量问题。Sargan检验结果表明，模型2、4、5统计量不显著，说明此时工具变量与内生变量相关，但与扰动项无关，不存在过度识别问题，而模型3和模型6的Sargan统计量均在1%的水平上显著，说明此时工具变量组设定存在过度识别问题。综合考虑，模型5设定相对合理，效果最优，根据模型5回归结果来看，收益状态下，收入每变动1个单位，消费变动0.999个单位，而损失状态下，收入每变动1个单位，消费变动1.111个单位，虽然二者绝对值相差不大，与Shea（1995）及Drakos（2002）得到的结果相比，损失状态下的消费弹性相对较小，说明我国城镇居民消费行为符合前景理论，但表现出的损失厌恶倾向并不十分明显。

5.2.3　基于我国农村居民样本的实证检验

农村前景理论的检验，数据选2003年1季度至2010年4季度，31个省、自治区、直辖市农村居民人均可支配收入及人均现金消费支出数据，同样采用Census X12方法分别对农村居民人均可支配收入及人均现金消费支出数据进行季节调整。然后，再对经过季节调整后的数据进行通货膨胀平减获取各变量序列的实际值，并选取31个省、自治区、直辖市农村居民消费者物价指数（CPI）分别对31个省、自治区、直辖市农村居民人均可支配收入及人均现金消费支出进行平减，以获取更加贴近实际的数据序列。其中，CPI选取2003年1月为基期的月度环比数据，取各季度内月平均值计算季度CPI。图5-3是31个省、自治区、直辖市农村居民人均可支配收入、人均消费支出的时间趋势图，可以看出，不同省、自治区、直辖市的人均可支配收入、人均消费支出的时间趋势不尽相同，有些省份相对平稳（比如甘肃、广西、天津等），有些省份的上升趋势明显（比如北京、黑龙江、浙江等）。

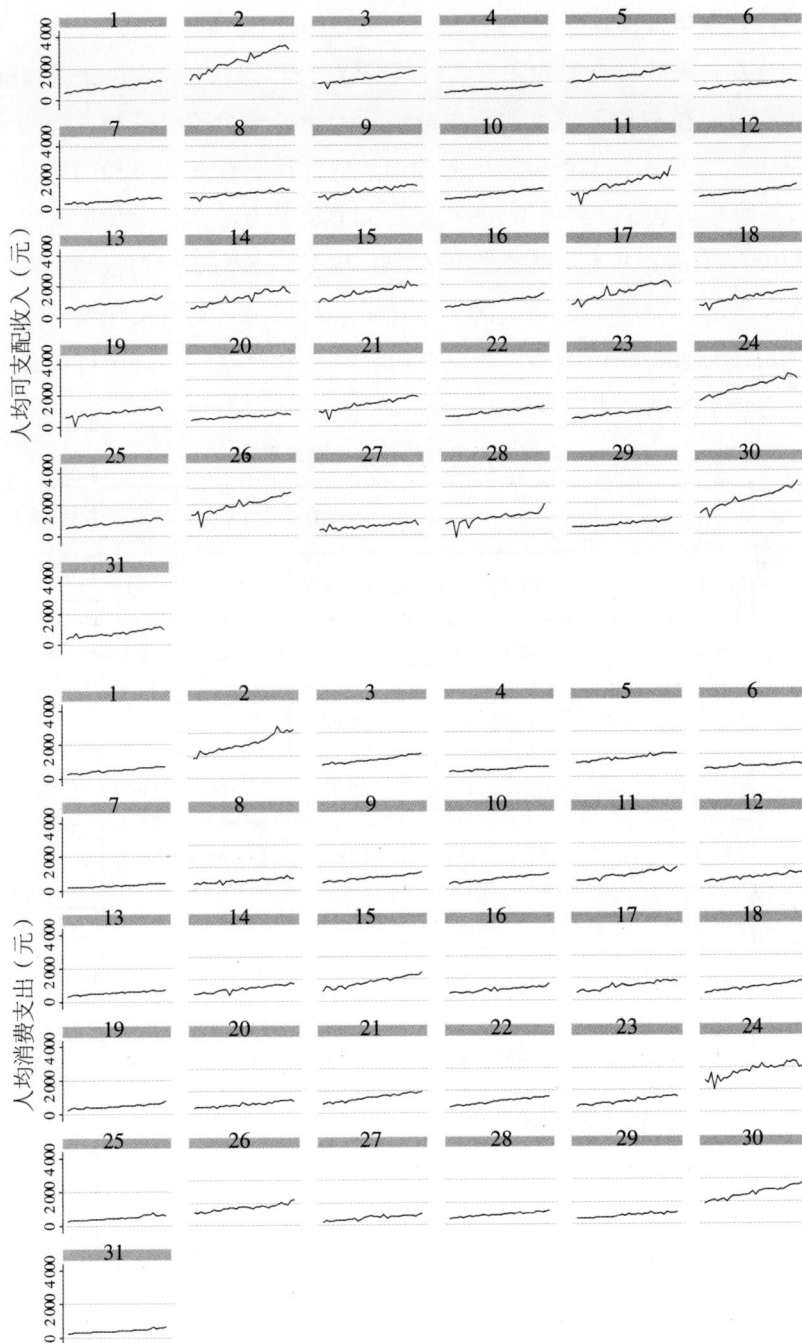

图5-3　我国31个省、自治区、直辖市农村居民人均可支配收入、
人均消费支出的时间趋势图

（1）单位根检验

分别对人均可支配收入及人均消费取自然对数，并使用 IPS 及 LLC 两种面板单位根检验方法进行差分序列的平稳性检验。两种方法的原假设一致，即 H_0：面板中的所有截面对应的序列都是非平稳的，符合 I（1）过程。表5-7列出了 IPS 检验与 LLC 检验方法下，对数化人均可支配收入（lny）及人均消费支出（lnc）及其差分项的平稳性检验结果，图5-4显示了31个省、自治区、直辖市农村居民人均可支配收入及人均消费支出差分项的图形，可以看出，经差分处理后，31个省、自治区、直辖市的图均表现平稳。

表5-7 农村样本序列平稳性检验结果

变量	方法	统计量	临界值	p 值	滞后阶数
lny	IPS检验（包含常数和时间趋势）	−1.200	−2.360[①]	0.115	6
lnc	IPS检验（包含常数和时间趋势）	0.504	−2.360	0.693	4
D_y	IPS检验（包含常数和时间趋势）	−26.843	−2.360	0.000	1
D_c	IPS检验（包含常数和时间趋势）	−26.334	−2.360	0.000	1
lny	LLC检验（包含常数和时间趋势）	−19.639	14.468	1.000	3
lnc	LLC检验（包含常数和时间趋势）	−13.958	2.987	0.999	2
D_y	LLC检验（包含常数和时间趋势）	−37.002	−18.347	0.000	1
D_c	LLC检验（包含常数和时间趋势）	−35.964	−16.735	0.000	1

注：滞后阶数选取根据 AIC 准则确定。

（2）广义矩估计

与城镇样本相同，农村样本回归仍然采用固定效应模型。在进行农村样本的广义矩估计检验时，选取四组工具变量组，仍然由人均可支配收入及人均实际消费的变动与利率的不同滞后期组合组成，具体见表5-8。

---

① 取5%显著性水平的临界值。

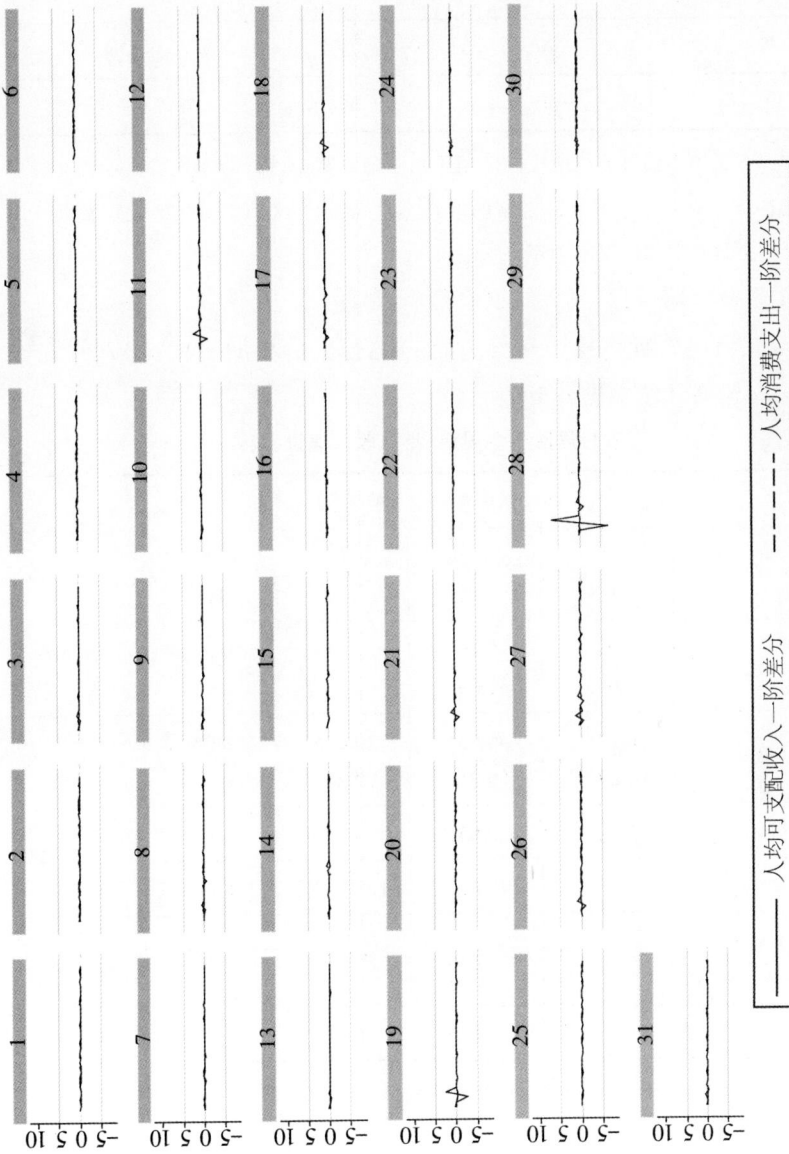

图5-4 我国31个省、自治区、直辖市农村居民人均可支配收入及人均消费支出差分图

表5-8 农村样本回归工具变量表

第一组	$\Delta y_{t-1}, \cdots, \Delta y_{t-3}$
第二组	$\Delta y_{t-2}, \cdots, \Delta y_{t-4} ; r_{t-2}, \cdots, r_{t-4}$
第三组	$\Delta c_{t-2}, \cdots, \Delta c_{t-4} ; \Delta y_{t-2}, \cdots, \Delta y_{t-4}$
第四组	$\Delta y_{t-2}, \cdots, \Delta y_{t-4} ; \Delta c_{t-2}, \cdots, \Delta c_{t-4} ; r_{t-2}, \cdots, r_{t-4}$

注：本表列出估计方程所需的四组工具变量。其中，Δy 表示人均实际可支配收入的增长率，Δc 表示人均实际消费的增长率，r 表示名义利率减去通货膨胀率（消费者价格指数）得到的实际利率。

①生命周期–持久收入假说检验

与城镇居民样本检验一样，首先进行生命周期–持久收入假说检验，广义矩估计结果见表5-9。

表5-9 农村居民生命周期–持久收入假说检验

$\Delta c_t = \mu + \lambda \Delta y_t + \beta r_t + \varepsilon_t$				
	模型 1 OLS	模型 2 IV1	模型 3 IV2	模型 4 IV3	模型 5 IV4
λ	0.000 (0.03)	−0.16 (−1.09)	0.249 (3.06)***	0.241 (2.96)***	0.286 (3.51)***
β	0.226 (3.23)***	0.056 (0.31)	0.045 (0.26)	0.045 (0.26)	0.067 (1.11)
F 统计量	5.42***	0.65	4.72***	4.41**	4.63***
LM 统计量		648.892***	168.798***	168.343***	170.577***
Cragg-Donald Wald F 统计量		957.830	35.277	35.156	23.743
Sargan 统计量		10.339***	4.954	8.226	11.124

注：本表包括五组不同设定下模型参数估计结果。模型1为OLS估计，模型2至模型5分别对应工具变量组1~4。第三行和第四行分别是参数 λ 及参数 β 的估计值，（）内为对应t值。第五行是F统计量，表示模型总体显著性。第六至八行分别表示识别不足、弱工具变量及过度识别检验结果。***表示在1%的水平上显著，**表示在5%的水平上显著，*表示在10%的水平上显著。

参数 λ 为不考虑消费对当期收入变化反应非对称性的情况下，当期收入变化时，农村居民消费的变动情况。如果生命周期–持久收入假说成立，那么参数 λ 应等于 0。由结果可以看出，当采取 OLS 方法进行估计时，参数 λ 近似为 0，但是 t 检验结果并不显著。模型 3 至模型 5 中，参数 λ 均显著不为 0，在 0.241 到 0.286 之间浮动，不支持生命周期–持久收入假说。这说明我国农村居民并不能按照一生预期收入水平确定消费水平，而是根据当期收入变动情况调整消费水平，且调整方向为正，当收入增加时，消费增加；当收入减少时，消费随之减少。

参数 β 衡量实际利率变动情况下，城镇居民消费的变动状况。由结果可以发现，只有使用 OLS 估计时该参数为 0.226，结果显著，模型 2 至模型 5 情况下，参数 β 均不显著，与城镇居民回归结果一致。

从模型总体来看，模型 2 至模型 5 均采用 GMM 方法进行估计，分别选取人均可支配收入、人均消费支出及实际利率的不同滞后期组合作为工具变量组。值得注意的是，在使用工具变量法时，需要检验工具变量组是否存在识别不足、弱工具变量及过度识别问题，分别对应 LM 统计量、Cragg-Donald Wald F 统计量及 Sargan 统计量。由结果可知，模型 3 至模型 5 均不存在识别不足、弱工具变量及过度识别问题，说明工具变量设定合理。三个模型估计参数 λ 值相近，调整 R^2 也近似，说明结果比较稳定。

②基于损失厌恶的前景理论检验

同城镇样本类似，在确实实证结果不支持生命周期–持久收入假说之后，进一步考察收入增加或收入减少时，两种情况下农村居民消费的变动情况，结果见表5–10。

表格第三行和第四行分别显示了收入增加时消费变动参数 λ_1 与收入减少时消费变动参数 λ_2，无论是采取 OLS 方法还是采取 GMM 方法，参数 λ_2 均大于参数 λ_1，尽管在有些模型中，参数 λ_1 并不显著，但仍可以看出两者大小存在显著差异。表格最后一行显示了检验原假设 $\lambda_1 = \lambda_2 = 0$ 的结果，结果表明 F 统计量均在 1% 的水平上显著，说明农村居民在面对收入增加或收入减少时，消费变动不为 0，且两种情况下消费变动幅度明显不同，当收入减少时，居民消费波动更大，支持前景理论中损失厌恶假设。

表5-10　　　　　　　　　农村居民前景理论检验

$$\Delta c_t = \mu + \lambda_1 (POS_t) \Delta y_t + \lambda_2 (NEG_t) \Delta y_t + \beta r_t + \varepsilon_t$$

	模型1 OLS	模型2 IV1	模型3 IV2	模型4 IV3	模型5 IV4
λ_1	−0.013 (−1.76)*	−0.054 (−2.77)***	0.066 (0.32)	0.070 (0.34)	0.095 (0.47)
λ_2	0.014 (0.53)	0.428 (2.98)***	0.384 (2.36)**	0.364 (2.30)**	0.357 (2.26)**
β	0.217 (3.07)***	−0.004 (−0.02)	0.012 (0.07)	0.014 (0.08)	0.018 (0.10)
F统计量	6.74***	3.64**	3.44**	3.21**	3.31**
LM统计量		145.754***	66.746***	69.125***	71.985***
Cragg-Donald Wald F统计量		58.548	12.023	12.492	8.674
Sargan统计量		0.372	4.028	7.393	10.446
F统计量 $H_0: \lambda_1 = \lambda_2 = 0$ $H_1: \lambda_1 \neq 0, \lambda_2 \neq 0$	2.65*	5.40***	5.13***	4.78***	4.94***

注：本表包括五组不同设定下模型参数估计结果。模型1为OLS估计，模型2至模型5分别对应工具变量组1~5。第三至五行分别是参数λ_1、λ_2及参数β的估计值，（）内为对应t值。第六行是F统计量，表示模型总体显著性。第七至九行分别表示识别不足、弱工具变量及过度识别检验结果。最后一行F检验，$H_0: \lambda_1 = \lambda_2 = 0$。***表示在1%的水平上显著，**表示在5%的水平上显著，*表示在10%的水平上显著。

模型2至模型5中，LM统计量均在1%的水平上显著，充分拒绝模型存在识别不足问题的原假设，Cragg-Donald Wald F统计量表明无法拒绝原假设，即不存在工具变量与内生变量相关性不足的情况。而Sargan统计量均不显著，说明工具变量组与内生变量相关性足够强且与扰动项无关，工具变量组设定合理。此外，模型1至模型5的F检验均显著，说明模型整体回归性良好。综合考虑，模型2工具变量组选择最为合理，从结果来看，参数 λ_1 的绝对值为0.054，说明农村居民处于收益状态时，当期收入每变动1个单位，消费随之变动0.054个单位，参数 λ_2 的估计值为0.428，t值为2.98，在1%的水平上显著，说明当农村居民处于损失状态时，当期收入每变动1个单位，消费随之变动0.428个单位。

5.3 基于CHARLS数据的微观检验

5.3.1 数据及处理

本章使用中国健康与养老追踪调查（CHARLS）数据进行前景理论的微观检验。CHARLS调查的目的在于收集一套代表中国45岁及以上中老年人家庭和个人的高质量微观数据，调查采用了多阶段抽样，在县/区和村居抽样阶段均采取PPS抽样方法，样本覆盖全国150个县级单位，450个村级单位，约1万户家庭中的1.7万人。CHARLS问卷内容包括范围非常广泛，主要包括个人基本信息，家庭结构和经济支持，健康状况，体格测量，医疗服务利用和医疗保险，工作、退休和养老金、收入、消费、资产，以及社区基本情况等。问卷设计借鉴了国际同类调查经验，包括美国健康与退休调查（HRS）、英国老年追踪调查（ELSA）以及欧洲的健康、老年与退休调查（SHARE）等，因此具有极高的学术研究价值。CHARLS于2008年在甘肃和浙江两省进行了预调查，共得到1 570个家庭中的2 658份个体样本，应答率达到85%，并于2011年正式开展全国基线调查并获取数据，截至目前共进行四次全国调查。本研究使用CHARLS 2011年和2013年全国调查数据，并以调查主体"ID"号码将两次调查数据合并，删除仅为2011年调查主体或仅为2013年调查主体的样本，剩余完全匹配样本数为14 849个。

收入的核算主要包括工作相关收入（工资、奖金和福利）、经济支持（包括从父母、岳父母、子女、孙子女及其他亲戚朋友那里接受的定期及不定期现金和物品）、转移支付（包括低保、政府补助①等）、社会捐助（包括现金、食品、衣服等）、投资经营收入（农林产品、牲畜水产品、副产品以及个体经营）、金融投资收入以及其他投资收入。

消费的核算主要包括生活必需支出（日用化妆品支出、交通通信费、教育和培训支出、孝敬父母、衣物购买等）、家庭建设与个人发展支出（接济子女、孙子女等）、情感维系支出（接济亲朋、社会捐助等）以及享乐休闲支出（旅游、美容、保健、文化娱乐费用等）。

分别完成2011年和2013年全国调查的收入及消费核算后，剔除缺失值，得到最终有效样本6 385个。以2000年不变价进行平减得到2011年和2013年两次调查的实际收入及实际消费值，进一步相减得到两次调查期间调查主体的收入与消费支出的变动值并取自然对数。由于时间纵向上仅有两次调查数据，因此差分后得到待处理数据为截面数据。考虑到一年期利率不存在变动，且对每个调查主体来说利率相同，因此将利率 r 从回归模型中剔除，最终生命周期–持久收入假说及前景理论检验模型变为：

$$\Delta c_i = \mu + \lambda \Delta y_i + \varepsilon_i \tag{9}$$

$$\Delta c_i = \mu + \lambda_1 (POS_i) \Delta y_i + \lambda_2 (NEG_i) \Delta y_i + \varepsilon_i \tag{10}$$

5.3.2 实证结果分析

首先进行生命周期–持久收入假说检验，即通过考察当期收入变动的情况下，居民当期消费的变动情况。根据 Hall（1978）可知，当满足生命周期–持久收入假说时，居民参照永久收入水平进行消费决策制定，此时，当期收入的变动并不对当期消费产生影响，即方程（9）中参数 λ 应等于 0。反之，如果参数 λ 显著不为 0，则证明生命周期–持久收入假说不成立。通过数据整理，获取最终变量序列，得到回归结果

---

① 具体包括退耕还林、农业补助、五保户补助金、特困户补助、工伤人员供养直系亲属抚恤金、突发事件或重大灾难之后的补助以及其他补助。

如下：

$$\Delta c_i = 0.4743 + 0.0696 \Delta y_i$$

$$\quad\quad (24.17)\ (7.27) \quad\quad\quad\quad\quad\quad\quad\quad (11)$$

回归结果显示，F统计量等于52.88，在1%的水平上显著，回归模型有效。( )内表示系数对应的t值，可以看出，无论是常数项还是参数λ的估计值，都在1%的水平上显著。当期收入每变动1%，当期消费随之变动0.0696%，当期收入对当期消费存在显著影响，由此可以判断，生命周期-持久收入假说未得到我国微观数据证实。

然后，考虑将前景理论中损失厌恶特征引入检验，即方程（12），以前期收入为参照点，在本研究中，以2011年调查时居民收入为参照点，POS和NEG为虚拟变量，POS表示当期收入变动为正的情况，NEG表示当期收入变动为负的情况。通过数据整理，最终回归样本的数据特征如下（见表5-11）：

表5-11 **数据分布特征**

数据特征		样本数量	样本比例
1. 户籍	城镇	1 075个	16.84%
	农村	5 310个	83.16%
2. 性别	男	3 228个	50.56%
	女	3 157个	49.44%
3. 收入变动	POS	3 029个	47.44%
	NEG	3 356个	52.56%

最终回归结果如下：

$$\Delta c_i = 0.4927 + 0.0543 \left(POS_i \right) \Delta y_i + 0.0797 \left(NEG_i \right) \Delta y_i$$

$$\quad\quad (17.14) \quad\quad (2.73) \quad\quad\quad\quad (5.31) \quad\quad\quad\quad\quad (12)$$

由回归结果可知，F值为26.82，在1%的水平上显著。同时，各回归系数均在1%的显著性水平上拒绝原假设，当期收入增加为正的情况下，当期收入变动1%，当期消费随之变动0.0543%；当期收入增加为负的情况下，当期收入变动 1%，当期消费随之变动 0.0797%。通过两个偏回归系数对比可以发现，在 NEG 情况下，当期消费随个体当期收入的变动幅度更加明显，即当面对同等程度的收入变动时，负向变动带给居民的冲击更加剧烈，符合损失厌恶特征，结论支持前景理论假说。

5.4 基于不同来源收入的理论检验

无论是前景理论还是心理账户，国内外学者都进行了很多实证检验，验证了理论的存在并在各领域取得了不错的应用。但已有研究大多停留在研究单一理论上，忽视了两种理论之间的共通之处。实际上，心理账户理论的运算规则遵循前景理论中价值函数特征，而价值函数的特征反过来会影响心理账户的归类过程。心理账户理论认为人们会在心理上对财富进行分类，不同种类的财富之间不可替代，因此不同来源收入应具有不同的边际消费倾向，即不同来源收入变动相同一单位时，消费变动的幅度不同；而前景理论重点关注以参照点为基准，盈利（gain）或损失（loss）情况下不同的价值函数形式，即收入向正向变动一个单位或向负向变动一个单位两种情况下，消费随之变动的幅度存在差异。本节创新性地考虑将心智理论账户的不同收入来源纳入前景理论的收入变动分析中，将两种理论结合起来，考察不同来源收入正负向变动时，居民的损失厌恶程度差异，以求对我国居民储蓄、消费行为进行更加细致的分析，得到更加有参考价值的结论。

5.4.1 模型构建

设主体收入按来源分为 Y_1，Y_2，$\cdots$，Y_k，因此 Campbell 和 Mankiw （1990）的模型中经济体的总收入变为 $\sum_{i=1}^{k} Y_i$，t 时刻两类主体的可支配收入分别为 $\sum_{i=1}^{k} Y_{it}^1$ 和 $\sum_{i=1}^{k} Y_{it}^2$，总收入 $\sum_{i=1}^{k} Y_{it} = \sum_{i=1}^{k} Y_{it}^1 + \sum_{i=1}^{k} Y_{it}^2$，第一类经济主体占总可支配收入的比例为 λ，则 $Y_{1t} = \lambda Y_t$，$Y_{2t} = (1 - \lambda) Y_t$。

第一类主体按照当前收入水平进行消费，$C_t^1 = \sum_{i=1}^{k} Y_{it}^1$，等式两边同时差分，得到 $\Delta C_t^1 = \sum_{i=1}^{k} \Delta Y_{it}^1 = \lambda \sum_{i=1}^{k} \Delta Y_{it}$。与第一类主体相对，第二类主体按照永久收入水平进行消费，$C_t^2 = \sum_{i=1}^{k} Y_{it}^{2P} = (1-\lambda) \sum_{i=1}^{k} Y_{it}^P$，等式两边同时差分，得到 $\Delta C_t^2 = \mu + (1-\lambda)\varepsilon_t$，其中，$\mu$ 是常数，ε_t 是主体对 t-1 期与 t 期的各来源可支配收入总值的评估值变化，正交于与 t-1 期主体信息相关的任何变量。此时，总消费变动可表示为：

$$\Delta C_t = \Delta C_t^1 + \Delta C_t^2 = \mu + \lambda \sum_{i=1}^{k} Y_{it} + (1-\lambda)\varepsilon_t \tag{13}$$

引入实际利率之后，方程变为：

$$\Delta C_t = \mu + \lambda \sum_{i=1}^{k} Y_{it} + \theta r_t + \varepsilon_t \tag{14}$$

实证检验部分，由于财产性收入在第 4 季度下降，因此本部分研究采用 31 个省、自治区、直辖市年度数据进行。居民人均收入来源有四种，分别为工资性收入、经营性收入、财产性收入及转移性收入，而根据李爱梅等（2007）的问卷调查发现，我国居民的收入账户具有稳定的三账户结构，即收入账户分为工作相关收入、非常规额外收入及经营投资收入。宏观收入统计四项收入来源中，工资性收入属于工作相关收入，转移性收入属于非常规额外收入，而财产性和经营性收入可归于经营投资收入。因此，在数据处理过程中，将财产性和经营性收入加总获取经营投资总收入，分别表示为 $income_g$、$income_j$ 和 $income_z$，因此计量检验模型可表示为：

$$\Delta C_t = \mu + \lambda \Delta income_{gt} + \beta \Delta income_{jt} + \delta \Delta income_{zt} + \theta r_t + \varepsilon_t \tag{15}$$

进一步将前景理论引入，考虑不同来源收入增加及减少两种不同情况下，消费随各来源收入的变动情况，方程变为：

$$\begin{aligned}
\Delta C_t = &\mu + \lambda_1(POS)\Delta income_{gt} + \lambda_2(NEG)\Delta income_{gt} \\
&+ \beta_1(POS)\Delta income_{jt} + \beta_2(NEG)\Delta income_{jt} \\
&+ \rho_1(POS)\Delta income_{zt} + \rho_2(NEG)\Delta income_{zt} + \theta r_t + \varepsilon_t
\end{aligned} \tag{16}$$

其中，$income_g$表示工资性收入，$income_z$表示转移性收入，$income_j$表示经营投资收入，$\Delta income_K(K = g，z，j)$表示各来源收入自然对数的变化量，POS及NEG均为虚拟变量，如果当期该来源收入大于上期该来源收入，即$\Delta income_K > 0(K = g，z，j)$，此时POS=1，NEG=0；如果当期该来源收入小于上期该来源收入，即$\Delta income_K < 0(K = g，z，j)$，此时POS=0，NEG=1。

5.4.2　实证检验

（1）城镇居民多来源收入的前景理论检验

城镇居民样本检验数据选取我国2002—2013年30个省、自治区、直辖市（除西藏）①分项来源收入及消费面板数据，为了使数据更加真实，使用各省、自治区、直辖市城市居民消费价格指数（2000年为100）分别进行平减，进而得到各变量真实值。名义利率如果一年内有变动，按照变动月份加权计算出年名义利率，并剔除通胀因素后获取真实年利率值。

由于使用年度数据，因此防止使用工具变量造成样本量损失过大，对结果准确性产生影响，本研究同时使用最小二乘估计（OLS）和广义矩估计方法（GMM）对面板数据进行估计，并选取一系列工具变量组，具体选取见表5-12。

表5-12　　　　　　　　　　城镇样本回归工具变量组

第一组	$\Delta income_{t-1}，\cdots，\Delta income_{t-3}$；$\Delta C_{t-1}，\cdots，\Delta C_{t-3}$；$r_{t-1}，\cdots，r_{t-3}$
第二组	$\Delta income_{t-1}，\cdots，\Delta income_{t-4}$；$\Delta C_{t-1}，\cdots，\Delta C_{t-4}$
第三组	$\Delta income_{t-1}，\cdots，\Delta income_{t-4}$；$r_{t-1}，\cdots，r_{t-4}$
第四组	$\Delta C_{t-1}，\cdots，\Delta C_{t-4}$；$r_{t-1}，\cdots，r_{t-4}$

使用上述各工具变量组对方程（16）进行估计，广义矩估计结果见表5-13。

---

① 由于西藏地区2007年城镇和农村居民的收入数据均存在缺失情况，为了避免对回归结果产生影响，因此本部分均剔除西藏地区，对其余30个省、自治区、直辖市进行分析。

表5-13　　　　　城镇居民基于心理账户的损失厌恶检验

$$\Delta C_t = \mu + \lambda_1(POS)\Delta income_{gt} + \lambda_2(NEG)\Delta income_{gt} + \rho_1(POS)\Delta income_{zt} +$$
$$\rho_2(NEG)\Delta income_{zt} + \beta_1(POS)\Delta income_{jt} + \beta_2(NEG)\Delta income_{jt} + \theta r_t + \varepsilon_t$$

	模型 1 OLS	模型 2 IV1	模型 3 IV2	模型 4 IV3	模型 5 IV4
λ_1	0.457 (7.76)***	0.389 (3.69)***	0.550 (2.74)***	0.432 (2.59)***	0.446 (3.25)***
λ_2	1.834 (9.20)***	3.977 (2.53)**	3.922 (2.04)**	2.760 (1.27)	3.339 (1.78)*
ρ_1	0.112 (3.91)***	0.428 (1.31)	0.330 (1.19)	0.253 (1.92)*	0.269 (2.05)**
ρ_2	0.160 (2.06)**	−0.398 (−0.90)	−0.117 (−0.38)	−0.213 (−0.89)	−0.232 (−1.01)
β_1	0.042 (2.82)***	0.118 (1.97)**	0.092 (1.36)	0.113 (1.85)*	0.130 (2.34)**
β_2	−0.061 (−7.25)***	−0.092 (−0.21)	−0.090 (−0.30)	−0.134 (−0.46)	−0.041 (−0.15)
θ	0.015 (0.19)	0.904 (−0.12)	−0.102 (−0.32)	0.110 (0.57)	0.086 (0.46)
F 统计量	49.25***	17.57***	7.03***	6.99**	8.79**
Hansen J 统计量		2.463	1.837	0.183	1.552
F 统计量 $H_0: \lambda_1 = \lambda_2 = \rho_1 = \rho_2 = \beta_1 = \beta_2 = 0$ $H_1: \lambda_1 \neq 0, \lambda_2 \neq 0, \rho_1 \neq 0, \rho_2 \neq 0, \beta_1 \neq 0, \beta_2 \neq 0$	41.22***	19.53***	7.64***	5.95***	9.16***

注：表格第二至六列分别表示使用OLS方法及四组工具变量组的回归结果。表格第三至八行分别表示工资性收入、转移性收入及经营投资收入在"收益"或"损失"状态下的参数回归结果，第九行表示实际利率r的参数估计结果，表格最后三行分别表示回归整体显著性F检验结果、工具变量组的有效性 Hansen J 统计量及原假设为 $\lambda_1 = \lambda_2 = \rho_1 = \rho_2 = \beta_1 = \beta_2 = 0$ 的F检验结果。***表示在1%的水平上显著，**表示在5%的水平上显著，*表示在10%的水平上显著。

　　从模型整体效果来看，模型1至模型5的F统计量分别为49.25、17.57、7.03、6.99和8.79，均显著，说明五个模型整体回归性质良好。Hansen J统计量显示，使用工具变量法回归的模型2至模型5，均无法拒绝原假设，说明选择的工具变量组1~4均是合理的工具变量，与内生变量有一定的相关性，同时与干扰项互不相关。

　　从结果可以看出，在OLS估计下，$\lambda_1 < \lambda_2$，$\rho_1 < \rho_2$，$\beta_1 < \beta_2$，城镇居民在三种来源收入下，都是对各来源收入当期减少的情况反应更加强烈，尤其是在工资性收入中，这种损失厌恶现象更为明显。消费针对工资性收入的这种非对称性，在采用GMM方法的模型中也得到体现，虽然在模型4中，参数λ_2的t值为1.27，并不显著，但并不影响整体上对$\lambda_2 > \lambda_1$的判断，说明当期工资性收入减少的情况下，城镇居民对于收入的变动更加敏感，消费随之变动的幅度较大。从模型2至模型5可以看出，ρ_1和ρ_2的大小结果并不确定，虽然模型4和模型5中参数ρ_1的值都要高于参数ρ_2，但是参数ρ_2的结果并不显著，因此不能断定大小关系。参数β_1与参数β_2关系同样无法确定，在模型2至模型5中，两者大小情况不一，且参数β_2始终不显著。因此，将收入按来源细分为工资性收入、转移性收入及经营投资收入之后，我们可以发现，仅有工资性收入表现出明显的损失厌恶现象，支持前景理论假说，其余两种来源收入中，前景理论并不完全适用。

　　参数θ表示真实利率对城镇居民的影响，由各模型结果可以发现，真实利率对我国城镇居民消费的影响并不显著。Michener（1984）认为实际利率的变化会使消费者对当期收入过度敏感，在研究中并未得到证实。这可能是由于我国利率始终未实现完全市场化，名义利率由中央银行统一进行调整，并未真实反映我国居民对货币的供需情况，利率根据市场变动的调整力度差，因此人们在制订自身的消费-储蓄计划时，并不将实际利率作为主要因素考虑。

　　值得注意的是，在表5-13回归结果中，我们可以看出，参数λ_1、λ_2、ρ_1、ρ_2、β_1、β_2的估计值显著不同，参数λ_1和λ_2的值最大，参数ρ_1和ρ_2次之，β_1和β_2最小。表5-13最后一行进行了以$\lambda_1 = \lambda_2 = \rho_1$

$= \rho_2 = \beta_1 = \beta_2 = 0$ 为原假设的 F 检验，结果表明各参数之间在 1% 的水平上显著不同，这反映了居民消费对三种不同来源收入的敏感性存在差异，证实心理账户理论。根据 Shefrin 和 Thaler（1988）提出一个简单的心理账户体系把财富分成三个组成部分：现有可支配收入（I）、现有资产（A）和未来收入（F），三种账户内的财富具有不同的边际消费倾向，当前账户的边际消费倾向接近于 1，未来收入账户的边际消费倾向接近于 0，而资产账户的边际消费倾向介于二者之间，即 $1 \approx \partial C/\partial I > \partial C/\partial A > \partial C/\partial F \approx 0$。而工资性收入通常被看作现有可支配收入（I），而转移性收入及经营投资收入更可能属于现有资产（A），因此居民消费对工资性收入变动要比其余两种来源收入更为敏感，支持心智理论假说。

（2）农村居民多来源收入的前景理论检验

与城镇居民样本检验类似，农村居民样本检验数据选取我国 2002—2013 年 30 个省、自治区、直辖市（除西藏）[①]各来源收入及消费面板数据，为了使数据更加真实，使用各省、自治区、直辖市农村居民消费价格指数（2000 年为 100）分别进行平减，进而得到各变量真实值。名义利率如果一年内有变动，按照变动月份加权计算出年名义利率，剔除通胀因素后获取真实年利率值。工具变量组选取见表 5-14。

表5-14　　　　　　　农村样本回归工具变量组

第一组	$\Delta income_{t-1}, \cdots, \Delta income_{t-4}$；$\Delta C_{t-1}, \cdots, \Delta C_{t-4}$；$r_{t-1}, \cdots, r_{t-4}$
第二组	$\Delta income_{t-1}, \cdots, \Delta income_{t-5}$；$\Delta C_{t-1}, \cdots, \Delta C_{t-5}$
第三组	$\Delta income_{t-1}, \cdots, \Delta income_{t-4}$；$r_{t-1}, \cdots, r_{t-4}$
第四组	$\Delta C_{t-1}, \cdots, \Delta C_{t-4}$；$r_{t-1}, \cdots, r_{t-4}$

使用上述四个工具变量组，对方程（4）进行广义矩估计，结果见表 5-15。

① 由于西藏地区 2007 年城镇和农村居民的收入数据均存在缺失情况，为了避免对回归结果产生影响，因此本部分均剔除西藏地区，对其余 30 个省、自治区、直辖市进行分析。

表5-15 农村居民基于心理账户的损失厌恶检验

$$\Delta C_t = \mu + \lambda_1(POS)\Delta income_{gt} + \lambda_2(NEG)\Delta income_{gt} + \rho_1(POS)\Delta income_{zt} +$$
$$\rho_2(NEG)\Delta income_{zt} + \beta_1(POS)\Delta income_{jt} + \beta_2(NEG)\Delta income_{jt} + \theta r_t + \varepsilon_t$$

	模型1 OLS	模型2 IV1	模型3 IV2	模型4 IV3	模型5 IV4
λ_1	1.061 (1.59)	1.525 (3.47)***	0.850 (1.15)	1.469 (2.50)**	1.515 (2.38)**
λ_2	−108.039 (−0.83)	−65.469 (−1.30)	−23.025 (−0.45)	−55.135 (−0.90)	−84.369 (−1.00)
ρ_1	0.428 (0.74)	0.388 (1.61)*	0.029 (0.07)	0.185 (0.41)	0.503 (1.37)
ρ_2	2.744 (0.73)	2.308 (1.78)*	2.791 (1.76)*	2.943 (1.32)	1.715 (0.77)
β_1	1.358 (0.68)	0.454 (0.63)	0.005 (0.00)	−0.378 (−0.25)	0.875 (0.86)
β_2	0.995 (0.26)	−2.370 (−1.78)*	−3.328 (−1.65)*	−1.306 (−0.57)	−1.475 (−0.69)
θ	0.633 (0.56)	0.430 (0.78)	−0.078 (−0.09)	0.023 (0.03)	0.714 (0.87)
F统计量	13.83***	2.82***	2.24**	1.76*	2.11**
Hansen J统计量		0.637	1.427	0.040	0.029
F统计量 H_0: $\lambda_1 = \lambda_2 = \rho_1 = \rho_2 = \beta_1 = \beta_2 = 0$ H_1: $\lambda_1 \neq 0$, $\lambda_2 \neq 0$, $\rho_1 \neq 0$, $\rho_2 \neq 0$, $\beta_1 \neq 0$, $\beta_2 \neq 0$	16.12***	3.04***	2.59**	1.84*	2.21**

注：表格第二至六列分别表示使用OLS方法及四组工具变量组的回归结果。表格第三至八行分别表示工资性收入、转移性收入及经营投资收入在"收益"或"损失"状态下的参数回归结果，第九行表示实际利率r的参数估计结果，表格最后三行分别表示回归整体显著性F检验结果、工具变量组的有效性Hansen J统计量及原假设为 $\lambda_1 = \lambda_2 = \rho_1 = \rho_2 = \beta_1 = \beta_2 = 0$ 的F检验结果。***表示在1%的水平上显著，**表示在5%的水平上显著，*表示在10%的水平上显著。

首先，关注模型整体回归效果，模型1至模型5的F统计量分别为13.83、2.82、2.24、1.76和2.11，均显著，说明五个模型整体回归性质良好。Hansen J统计量显示，使用工具变量法回归的模型2至模型5，均无法拒绝原假设，说明选择的工具变量组1~4均是合理的工具变量，与内生变量有一定的相关性，同时与干扰项互不相关。

从结果可以看出，在OLS估计下，各参数均不显著。在GMM估计下，模型2至模型5显示参数λ_2的估计值显著大于参数λ_1，最多达到55倍，但各模型中参数λ_2的系数均不显著，主要原因是在总样本中，当期工资性收入小于上期工资性收入的样本数量过少，对回归结果产生影响。从模型2至模型5可以看出，$\rho_1 > \rho_2$，在模型2中，两个参数均在10%的水平上显著，虽然模型4和模型5中参数ρ_1的值都要高于参数ρ_2，但是参数ρ_2的结果并不显著，ρ_1的估计值为0.428，ρ_2的估计值为2.308，后者是前者的5倍之多，说明农村居民对转移性收入的当期变动方向比较敏感，损失厌恶现象明显。参数β_1与参数β_2在各模型回归结果中均不显著，因此大小无法确定，说明农村居民对经营投资收入的波动方向并不敏感。因此，将收入按来源细分为工资性收入、转移性收入及经营投资收入之后，我们可以发现，农村居民在转移性收入中表现出明显的损失厌恶，而对工资性收入和经营投资收入则没有表现出这种消费不对称性。

表格最后一行进行了以$\lambda_1 = \lambda_2 = \rho_1 = \rho_2 = \beta_1 = \beta_2 = 0$为原假设的F检验，结果表明各模型中均拒绝原假设，即各参数估计值之间显著不同，这反映了居民消费对三种不同来源收入变动的敏感性存在差异，证实心理账户理论。其中，工资性来源收入变动引起的消费变动幅度大于其余两种来源收入，同城镇居民样本一致。参数θ在农村样本中，估计值同样不显著，说明实际利率对农村居民消费影响有限，这一结论也与城镇样本吻合。

将城镇、农村居民样本回归结果对比可以看出，在分来源收入的损失厌恶检验中，无论城镇还是农村样本，不同来源收入变动对居民消费的影响程度不同，支持心理账户理论。在损失厌恶检验中，城镇居民样本对于工资性收入有明显的损失厌恶倾向，而农村居民样本则在转移性收入中表现出明显的损失厌恶。

5.5 从收入波动角度分析我国居民储蓄

通过本章前四节的研究可以发现，无论是省际面板数据检验还是CHARLS数据微观检验，都支持前景理论假说，说明前景理论在我国居民储蓄问题分析上具有一定的适用性。因此，本节将决策主体的损失厌恶心理引入分析，试图从收入波动及其不对称性角度解释我国居民高储蓄现象及城镇、农村消费差异。

5.5.1 收入波动与居民储蓄率

中华人民共和国成立以来，我国居民储蓄率变化可以分为两个阶段：第一个阶段是1978年以前，这一阶段我国实行计划经济体制，居民储蓄率相对稳定，在5%水平上下波动，且波动幅度并不明显；第二个阶段是1978年至今，这一阶段我国实行改革开放政策，由计划经济体制转为市场经济体制，经济得到蓬勃发展，无论是国内生产总值，还是居民可支配收入都取得了大幅增长。然而，与飞速增长的收入相比，居民储蓄率的增长更为突出，我国居民储蓄率由1978年的4.74%逐步上升至2012年的55.72%。

由前景理论可知，决策主体会根据往期收入设定一个参照点，并以参照点为基准，将当期收入情况划分为"收益"或"损失"两种状态，进而采取不同的消费决策，且主体出于损失厌恶心理，会对"损失"状态下的收入变化更为敏感。因此，当存在负向收入波动时，居民消费会明显减少，进而导致居民储蓄率增加。本研究以我国居民1953—2012年实际人均收入序列[①]为基础，以 $\dfrac{t期收入 - (t-1)期收入}{t-1期收入}$ 计算各年度的收入增长率，并结合表3-1中我国居民储蓄率数据绘制出图5-5。

---

① 数据来源见表3-1。

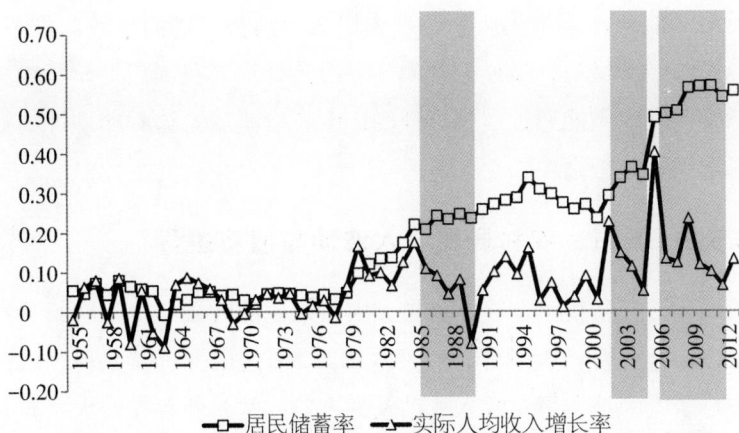

图 5-5　我国 1953—2012 年实际人均收入增长率与居民储蓄率

　　由图 5-5 可知，在 1978 年以前，我国居民实际人均收入增长率波动相对平稳，居民储蓄率变化也不大，这主要是由于在计划经济体制下，我国居民收入和消费受政府分配调控，收入和消费数相对稳定。而 1978 年以后，收入增长率波动幅度增加，这是由于我国经济体制发生转变后，居民收入受经济波动、通货膨胀等经济因素影响增强，伴随着教育、医疗、养老等一系列重大改革出台，居民收入受到更为明显的冲击。若以当期收入增长率作为参照点，当收入增长率下降时，即图 5-5 中实际人均收入增长率曲线下降时，虽然实际收入仍然增长，但由于增长幅度下降，低于居民预期（即参照点），因此居民更倾向于将此归为"损失"状态。在此状态下，居民会明显地减少消费，增加储蓄。在图 5-5 中，在 1984—1989 年、2001—2004 年和 2005—2011 年三个时间段中，居民收入增长率曲线下降明显，而同时段我国居民储蓄率确实存在较为明显的上涨，这从一定程度上说明我国居民的损失厌恶心理为解释我国高储蓄现象提供了一种新可能。

　　近年来，我国经济快速扩张的弊端逐渐显现，经济结构亟待调整，单纯追求高经济增长的模式已经开始转变，在经济调整过程中，居民收入很可能受到冲击，造成大幅波动。同时，美国金融危机、欧洲主权债务危机等外围经济环境也对我国经济造成影响，可能会进一步加剧居民收入波动。在当前经济形势下，如果不能保证居民收入的平稳增长，那么居民很可能会出于损失厌恶心理大幅减少消费，进而导致内需不振，进一步影响经济增长，造成恶性循环。因此，在对我国居民储蓄相关问题进行研究时，不能忽视居民心理的影响，应将居民这种非理性的损失厌恶心理纳入分析之中。

5.5.2　城镇、农村居民收入波动与消费差异

在城乡二元结构下，我国城镇、农村居民的收入状况不同，消费观念、习惯等也存在较大差异，通过本章第2节的研究可以发现，城镇居民和农村居民的消费量对收入变动及其方向的敏感性存在较大差异。而这种差异的存在，为越来越不平衡的城乡居民消费提供了一个新的解释方向。

从方程 $\Delta c_t = \mu + \lambda \Delta y_t + \beta r_t + \varepsilon_t$ 回归结果来看，当仅考虑当期收入变动是否引起居民消费水平变动时，即不考虑当期收入与上期收入相比的变动方向时，虽然城镇与农村样本均不支持生命周期–持久收入假说，但程度不一。城镇居民样本的回归结果显示，参数 λ 的值为0.741，说明城镇居民的当期收入每变动1个单位，当期消费随之变动0.741个单位，而农村居民样本显示，参数 λ 的值在0.241~0.286之间波动，均不超过0.3，说明农村居民当期收入每变动1个单位，当期消费随之变动不足0.3个单位。两者对比发现，城镇居民的消费弹性更高，是农村居民的两倍之多，说明我国城镇居民的消费意愿更强，这也是当期我国城镇居民消费水平增长高于农村居民的重要原因之一。

从方程 $\Delta c_t = \mu + \lambda_1 \left(POS_t \right) \Delta y_t + \lambda_2 \left(NEG_t \right) \Delta y_t + \beta r_t + \varepsilon_t$ 回归结果来看，当考虑收入的正、负两个方向变动差异时，城乡居民的损失厌恶程度存在较大差异。在城镇居民样本中，参数 λ_1 的绝对值为0.999，参数 λ_2 的绝对值为1.111，这说明在当期收入减少的情况下，城镇居民的消费变动程度约为当期收入增加时的1.11倍。而在农村样本中，参数 λ_1 的绝对值为0.054，参数 λ_2 的绝对值为0.428，这说明农村居民在当期收入减少的情况下，消费变动程度约为当期收入增加时的7.93倍。由此可以看出，与城镇居民相比，农村居民的损失厌恶程度更加强烈。

改革开放以来，我国经历了一系列的政治、经济、文化改革，城镇和农村居民收入也受到了不同程度的冲击，由于农村居民存在较强的损失厌恶心理，因此当面临收入冲击，尤其是负向冲击时，消费减少更为明显，导致消费水平增速缓慢。而造成农村居民消费弹性低且极度损失厌恶现象的原因可能是多方面的：其一，农村地区经济发展相对落后，居民的收入水平偏低，收入主要用于维持基本生活，因此更加难以接受收入的负向波动；其二，农村居民的消费观念相对落后，"节俭"意识比较强烈，新增加收入主要用于储蓄；其三，农村居民的医疗、养老等福利体系相对落后，因此农村居民出于预防性储蓄动机进行更多的储蓄，用于消费的比例相对较低。

进一步将收入波动分解为工资性收入波动、经营性收入波动和转移性收入波动之后发现，城镇居民在工资性收入波动上表现出显著的损失厌恶，而农村居民则对转移性收入的损失更为厌恶。考虑近年来城镇居民工资性收入和农村居民转移性收入的变动趋势可以发现，若将上期增长率设为参照点，那么城镇居民工资性收入的负向波动程度要小于农村居民转移性收入的负向波动程度，结合两者的损失厌恶程度综合考虑得知，农村居民由于受到损失厌恶心理影响而减少消费的倾向更加明显，而城乡居民这种对不同来源收入的损失厌恶差异进一步导致了城乡居民消费水平差距加大。因此，在政策制定的过程中，在保证整体收入稳定的基础上，应格外重视城镇居民的工资性收入平稳和农村居民的转移性收入平稳，避免由收入波动带来的过度储蓄。

5.6 本章小结

本章将前景理论引入我国居民储蓄行为分析之中，通过省际面板数据和微观数据对前景理论中损失厌恶现象进行检验，并试图从收入波动角度解释我国高储蓄现象和城乡消费差异。首先，本章提出生命周期–持久收入假说及基于损失厌恶的前景理论可检验模型。宏观检验方面，本研究采用我国城镇居民 2005 年 1 季度—2012 年 4 季度、农村居民 2003 年 1 季度—2010 年 4 季度的面板数据，使用广义矩估计方法进行回归检验，结果发现：①将当期收入变动分为当期增加和当期减少两种状态进行回归分析时，无论城镇样本还是农村样本，当居民面对当期收入减少的状态时，消费随收入的变动更加明显，支持前景理论；②与城镇居民样本相比，农村居民样本在当期收入减少时，消费的波动幅度更大，即损失厌恶心理更为明显。微观检验方面，本研究采用中国健康与养老追踪调查（CHARLS）数据，分别核算调查主体在 2011 年和 2013 年的收入与消费变动情况，回归结果与宏观检验一致，结论支持前景理论，不支持生命周期-持久收入假说。综上可知，在我国，无论是宏观层面还是微观层面，均存在一定程度的损失厌恶现象，居民面对收入减少的状况时，心理冲击更加明显，进而引起更加明显的消费变动。这种损失厌恶心理的存在，可能导致我国居民面对近年来较为剧烈的收入波动时，更多地减少消费，进而导致储蓄率提高。而城乡居民损失厌恶程度差异也能从一定程度上解释当前我国城乡消费发展不平衡，消费水平差距增大这一现象。因此，维持经济稳定增长，进而保障居民可支配收入的稳定增加，尤其是保障农村居民的收入稳定，对于有效促进居民消费具有重要意义。

6 研究结论、政策启示与研究展望

本研究以我国居民储蓄为核心研究问题,在对传统居民储蓄外部影响因素进行简要分析之后,同时引入行为经济学中心理账户理论和前景理论,将居民心理因素对储蓄行为的影响纳入分析框架,从宏观和微观两个层面对行为理论进行检验后,进一步研究我国城乡居民储蓄及消费行为模式及特征,以考察居民非理性心理对储蓄和消费行为的影响,为制定有效促进居民消费政策提供理论及事实基础。本章是全书的归纳与总结,在前文理论分析和实证分析的基础上,对各章节的重要结论进行回顾,提出本研究对于降低我国居民储蓄率、促进城乡居民消费的一些政策启示,并指出本研究的局限性及进一步研究方向。

6.1 研究结论

本书的主要研究结论如下:

(1)在影响居民储蓄的外部因素研究中,本研究在重新估算1953—2012年间我国居民储蓄率的基础上,结合抚养比、人均收入及收入增长率等数据进行长区间样本的协整检验，结果显示我国居民储蓄率与长期收入增长率、老年抚养比变化率、社会保障支出的对数、少儿抚养比变化率、通货膨胀之间存在着长期稳定的协整关系。之后，本研究进一步建立误差修正模型，分析我国居民储蓄率的短期波动，误差修正模型显示，收入长期增长率的短期提高对居民储蓄率水平的提高表现出显著的正面影响，而当短期波动偏离长期均衡时，需要三年左右时间可以调整回均衡状态，而老年抚养比变化率、社会保障支出、少儿抚养比变化率及通货膨胀对于影响居民储蓄率的短期作用并不明显。考虑到中华人民共和国成立以来，政治、经济、文化政策经历了几次重大的变革，尤其是在计划经济向市场经济转轨过程中，数据极可能出现结构性变化，个别变量对居民储蓄率的影响可能会存在阶段性变化，因此引入虚拟变量，将全样本划分为两段并进行回归分析，发现收入长期增长率、老年抚养比变化率、社会保障支出及通货膨胀在1987年出现结构性转变，而少儿抚养比变化率没有。

（2）通过对我国居民收入和储蓄省际面板数据检验发现，我国城乡居民储蓄行为中均存在心理账户现象，不同来源收入的边际储蓄倾向存在显著差异。其中，边际储蓄倾向大小关系为：财产性收入>工资性收入>经营性收入，且农村居民整体表现出更高的储蓄倾向。在心理账户理论的微观检验方面，本研究将我国居民收入账户分为工作相关常规收入、非常规收入及经营投资收入三个次级账户，将消费账户分为生活必需支出、家庭建设与个人发展支出、情感维系支出及享乐休闲支出四个次级账户，将储蓄账户分为安全型保障储蓄与风险型储蓄两个次级账户，通过使用中国健康与养老追踪调查（CHARLS）数据库2011年全国基线调查数据进行不同收入来源账户之间的边际消费及边际储蓄差异的微观检验。结果同样支持心理账户理论，三个收入次级账户对同一消费次级账户或储蓄账户的边际倾向确实存在显著差异，工作相关收入的边际消费倾向最高，经营投资收入次之，非常规收入的边际消费倾向最低。

（3）建立 Logit 模型，将性别、年龄、受教育程度、婚姻状况、是否享有医疗保险、子女数量、主观健康程度、主观生活水平及收入水平等因素引入分析，进一步刻画我国居民消费账户心智特征，研究发现上述各变量对储蓄及消费存在不同程度的影响，且我国城镇居民与农村居民的消费心智特征存在较大差异。例如，对于城镇居民来说，女性仅在享乐休闲支出的可能性上显著高于男性，而对于农村居民来说，女性在家庭建设与个人发展、情感维系和享乐休闲三个支出账户上都明显高于男性；与城镇居民不同，农村居民对收入水平高度敏感，随着收入水平增加，各个账户支出的可能性大幅增加。

（4）对前景理论进行省际面板数据检验发现，无论城镇居民样本还是农村居民样本，居民均受损失厌恶心理影响，当面对当期收入减少的状态时，消费随收入的波动更加明显，结论支持前景理论，且农村居民对于收入波动的厌恶程度更加强烈。这种消费敏感于收入负向波动的心理特征及城乡程度差异，可以从一定程度上解释我国近年来快速增长的居民储蓄率和日益明显的城乡消费水平差距。使用中国健康与养老追踪调查（CHARLS）2011 年和 2013 年两次全国调查数据，分别进行收入和消费的核算，验证收入变动正、负两个方向变动时消费变动的不对称性，结果同样支持前景理论。

（5）将心理账户理论中不同来源收入差异引入前景理论之中，研究不同来源收入的损失厌恶现象，结果发现对于城镇居民来说，主要在工资性收入上表现出明显的损失厌恶，而农村居民则更加厌恶转移性收入的损失。结合收入的波动趋势可以发现，研究结论可以从一定程度上解释我国城乡消费差距加大的原因。

6.2　政策启示

目前，中国正处于政治、经济、文化三重转型时期，经济结构亟待调整，经济增长模式逐步转变，为实现由投资拉动向消费拉动的良性转变，有效降低居民储蓄率、促进居民消费增长，由前文的理论分析和实证分析，本研究提出如下政策建议：

（1）保证经济稳定，避免居民收入波动。基于本研究针对前景理论的研究结论，应注重我国居民收入的稳定性，面对由一系列改革带来的经济波动，国家应加强宏观调控，稳定物价，促进就业，加快推进收入分配制度改革，夯实居民收入增长的基础，完善职工薪酬和奖励制度，以保证居民基本工资性收入稳定。在此基础上，加大政策扶持力度，鼓励多渠道获取工资之外的其他劳动收入，拓宽居民获取经营性收入和财产性收入的渠道，积极促进居民收入多元化以缓冲单一收入来源波动造成的整体收入水平波动。尤其需要注意保证农村居民的收入稳定，应大力发展乡镇企业，增强第二产业活力，引导农村剩余劳动力向第三产业转移，提高劳动力资源的利用率，拓宽农民收入渠道，改善农村居民靠地生活的单一收入模式，避免农村居民出于损失厌恶心理而降低消费。

（2）重视居民心理预期，引导居民理性消费。在前景理论研究中，参照点决定了收益和损失状态的划分，进而影响最终决策，因此在居民面对收入波动时的心理预期显得尤为重要。若居民仅以上一期收入或收入增长作为预期参照，那么就会增加由收入波动引起消费减少的可能，而如果将长期收入或从生命周期角度考虑永久收入，那么则会在很大程度上降低损失厌恶对居民消费的影响。首先，倡导居民正确看待短期收入波动，理性对待暂时性收入降低，可适当地增强居民对于自身有限理性的认知和理解，从心理根源减少损失厌恶的影响。其次，积极推行金融市场化改革，降低资金流动性约束，保障居民按生命周期收入制定消费决策的可行性。

（3）在促进居民财产性收入增加的同时，注重居民储蓄倾向变化。党的十七大和十八大报告分别提出"创造条件让更多群众拥有财产性收入"和"多渠道增加居民财产性收入"，并通过实施一系列政策切实履行这项目标，包括发展多层次资本市场，推进利率市场化改革，丰富基金产品种类，落实上市公司分红制度等措施，目的在于保障和改善居民生活水平。在我国，"买房养老""动用养老积蓄炒股"等现象较为普遍，这使得居民看待财产性收入的方式发生转变，由现有资产收入转向未来收入，这就使得居民在财产性收入上的边际储蓄倾向增加。根据本研究对心理账户理论的研究结论，无论城镇居民还是农村居民，确实都对财产性收入表现出较高的边际储蓄倾向。因此，在大力促进居民财产性收入增加的同时，应倡导居民正确看待股票、基金和房产等投资收益，注重引导财产性收入的消费，以避免由财产性收入的增长造成居民储蓄的进一步增加。

（4）重视城乡心智特征差异，有侧重地促进居民消费。根据本书研究结论，城乡居民在储蓄倾向和损失厌恶程度上存在显著差异，性别、年龄、受教育程度、婚姻状况、是否享有医疗保险、子女数量、主观健康程度、主观生活水平及收入水平等对城乡居民的消费影响程度也不同，因此在制定促进消费政策时，应充分考虑到城乡差异，使政策更具针对性。例如，城镇居民65~85岁年龄组在享乐休闲支出上的机会比率明显增高，但农村居民则无明显差异，在积极发展旅游业时，应将宣传、促销政策集中在城镇65~85岁人群上。在分来源收入损失厌恶差异上，城镇居民对工资性收入波动敏感，而农村居民对转移性收入波动敏感，在实行稳定收入一系列政策时应分清主次，以求获取更加直接、良好的政策效果。

（5）进一步完善社会保障体系。目前，我国逐步推行医疗、教育、养老改革，导致居民对未来不确定性的担忧增强，而受城乡二元结构影响，城乡社会保障也呈现二元分割状态，保障模式和保障水平严重失衡，导致农村居民生活难以得到基本保障，进城务工人员的救助制度和福利分配问题也尚未得到良好的解决。虽然城镇居民社会保险、农村居民新农合保险逐步发展，但我国社会保障还存在制度不统一、统筹层次低、覆盖范围小等亟须解决的问题。这导致居民易出于对未来基本生活担忧而过度看重短期收入波动，加剧损失厌恶心理，进行非理性消费决策。国家应以提高社会保障水平和覆盖范围为目的，进一步加强社会保障制度顶层设计，优化社会保障模式，提高政府社会保障能力，完善社会保障相关法律法规。

6.3　研究展望

本书研究尚存在一些未能解决的问题和不足之处，有待今后进一步研究、完善。

首先，虽然本研究通过对我国宏观数据检验证实了前景理论，但对参考点的设定是单一的，即以上一期收入为参照点，通过对当期可支配收入与上期的比较进而确定"收益"或"损失"状态，并检验两种状态下居民消费的变动程度差异。可以说，在前景理论相关研究中，参照点的设定具有至关重要的作用。已有的研究，均将重点集中在单一参照点框架下的利得与损失评估（Linville 和 Fischer，1991；Arkes et al.，1994；Thaler，1999；Lim，2006），如果更改参照点必然会对损失厌恶检验结果产生影响。实际上，在行为主体的认知过程中，总是存在多个参照点状态。以本书所研究的居民收入为例，参照点可以选取自己的上期收入，也可以选取周围亲戚朋友的当期收入，或者是过去一段时间（一年或几年）的平均收入水平。此外，由于参照点选择是发自人的心理活动及其内在的一系列归类、评估过程，因此参照点的设定应是一个动态过程。尤其是在一系列相关决策过程中，前面决策的结果可能会对后续决策中参照点设定产生影响，进而影响最终的决策制定，而这需要今后进一步研究。

其次，由于人类储蓄与消费行为本质上体现了一种文化现象，因此在心理账户相关问题研究中，一个不可忽视的问题是基于文化传统的心智特征的差异。心理账户属于心理活动，受到社会环境、性别、年龄、地位等各方面因素的影响，这使得人与人之间在账户的分类、估值过程等方面存在差异，且随着年龄、生活水平变化，心智特征可能会随之改变。本研究在对我国城镇、居民的心智特征分析时使用中国健康与养老追踪调查（CHARLS）数据，调查对象集中在45岁及以上居民，本研究为了考察不同年龄段居民心理账户差异，将年龄进行分组考察，但这只是一种简化处理。实际上，应对同一个体进行持续追踪调查，观测其处于不同年龄段时心理账户的变化过程，尤其关注心理账户的更新周期及更新时点，才能对心理账户的成因及影响因素有更深入的了解。

再次，由于微观数据的缺乏，本研究仅能通过截面数据进行前景理论的微观检验。实际上，前景理论作为个体心理活动特征的刻画，最有力的证实应存在于微观层面，但由于实证检验涉及参照点设定，需要多次追踪调查数据，才能形成可检验面板数据，因此考虑在CHARLS新增调查数据的情况下进一步进行前景理论微观层面检验。另外，本研究仅对前景理论中价值函数的损失厌恶特征进行检验，而前景理论还包括偏好反转及权重函数特征，可考虑进行进一步研究。

最后，本研究虽然从宏观和微观层面对心理账户理论和前景理论进行了全面检验，也试图从收入来源和收入波动角度对我国近年来高储蓄现象及日益明显的城乡消费差距进行解释，但并未考察两种非理性心理对居民储蓄和消费行为的影响程度，也并未将行为理论引入传统模型之中，考察是否可以增加传统模型对我国高储蓄现象的解释力，这都需要在未来的研究中进一步改进。

参考文献

[1]　边慎，蔡志杰. 期望效用理论与前景理论的一致性 [J]. 经济学（季刊），
　　　2005，5（1）：265-276.

[2]　陈庭强，郑坤法，何建敏. 心理账户交互作用下证券投资组合风险度量模
　　　型研究 [J]. 北京理工大学学报（社会科学版），2012（6）：60-63.

[3]　丁际刚，兰肇华. 前景理论述评 [J]. 经济学动态，2002（9）：64-66.

[4]　杜宇玮，刘东皇. 预防性储蓄动机强度的时序变化及影响因素差异——基
　　　于 1979—2009 年中国城乡居民的实证研究 [J]. 经济科学，2011（1）：
　　　70-80.

[5]　樊纲. 如何认识我国紧缩时期的储蓄增长——近年来我国城镇居民储蓄增
　　　加原因初析 [J]. 财贸经济，1991（5）：3-8.

[6]　方福前，张艳丽. 城乡居民不同收入的边际消费倾向及变动趋势分析 [J].
　　　财贸经济，2011（4）：22-30.

[7]　郭英彤，李伟. 应用缓冲储备模型实证检验我国居民的储蓄行为 [J]. 数
　　　量经济技术经济研究，2006，23（8）：127-135.

[8]　何德旭. 居民储蓄的多视角分析 [J]. 财经问题研究，2003（7）：34-38.

[9]　何国华，袁仕陈. 货币政策的非对称性：基于前景理论的解释 [J]. 财经
　　　理论与实践，2010（5）：8-12.

[10]　何新华，曹永福. 从资金流量表看中国的高储蓄率 [J]. 国际经济评论，
　　　2006（6）：58-61.

[11]　侯石安，赵和楠. 城乡居民收入来源构成对其消费行为的影响 [J]. 中南

财经政法大学学报，2012（6）：28-35.

[12] 金春雨，程浩，黄敦平. 基于持久收入假说的我国农村居民收入对消费影响效应区域差异分析——来自面板数据模型的经验证据［J］. 农业技术经济，2010（12）：18-24.

[13] 凯莫勒，罗文斯坦，拉宾. 行为经济学新进展［M］. 贺京同，等译. 北京：中国人民大学出版社，2010.

[14] 孔东民. 前景理论、流动性约束与消费行为的不对称性——以我国城镇居民为例［J］. 数量经济技术经济研究，2005（4）：134-142.

[15] 李爱梅，李斌，许华，等. 心理账户的认知标签与情绪标签对消费决策行为的影响［J］. 心理学报，2014（7）：976-986.

[16] 李爱梅，凌文辁，方俐洛，等. 中国人心理账户的内隐结构［J］. 心理学报，2007（4）：706-714.

[17] 李爱梅，凌文辁. 心理账户与薪酬激励效应的实验研究［J］. 暨南学报（哲学社会科学版），2009（1）：80-87.

[18] 李宏. 社会保障对居民储蓄影响的理论与实证分析［J］. 经济学家，2010（6）：87-94.

[19] 李敬强，徐会奇. 收入来源与农村居民消费：基于面板数据的结论与启示［J］. 经济经纬，2009（6）：107-110.

[20] 李焰. 中国居民储蓄行为研究［M］. 北京：中国金融出版社，1999.

[21] 李扬，殷剑峰. 劳动力转移过程中的高储蓄、高投资和中国经济增长［J］. 经济研究，2005（2）：4-15.

[22] 刘金全，邵欣炜，崔畅. "预防性储蓄"动机的实证检验［J］. 数量经济技术经济研究，2003（1）：108-111.

[23] 孟庆平，胡金焱. 社会保障供给不足：中国城镇居民储蓄增长的影响因素分析［J］. 山东大学学报（哲学社会科学版），2008（3）：113-119.

[24] 裴春霞，孙世重. 流动性约束条件下的中国居民预防性储蓄行为分析［J］. 金融研究，2004（10）：26-32.

[25] 齐天翔. 经济转轨时期的中国居民储蓄研究［J］. 经济研究，2000（9）：25-33.

[26] 邱晓华，万东华. 我国消费模式的城乡差异［J］. 统计研究，1991（6）：19-25.

[27] 任若恩，覃筱. 中美两国可比居民储蓄率的计量：1992—2001［J］. 经济研究，2006（3）：67-81.

[28] 宋铮. 中国居民储蓄行为研究［J］. 金融研究，1999，6（3）：46-49.

[29] 沈冰，雷珏. 我国居民储蓄利率敏感性的实证研究［J］. 经济问题，2011

（8）：108-112.

[30]　施海燕，施放．期望效用理论与前景理论之比较 [J]．统计与决策，2007（11）：22-24.

[31]　石正华．我国居民收入对居民储蓄的影响分析 [J]．统计研究，1996（3）49-52.

[32]　苏基溶，廖进中．中国城镇居民储蓄的影响因素研究：基于三类储蓄动机的实证分析 [J]．经济评论，2010（1）：58-64.

[33]　孙凤，丁文斌．中国消费者的头脑账户分析 [J]．统计研究，2005（2）：42-46.

[34]　万广华，张茵，牛建高．流动性约束、不确定性与中国居民消费 [J]．经济研究，2001（11）：35-44.

[35]　汪丁丁．行为金融学基本问题 [J]．财经问题研究，2010（7）：3-11.

[36]　汪伟，郭新强．收入不平等与中国高储蓄率：基于目标性消费视角的理论与实证研究 [J]．管理世界，2011（9）：7-25.

[37]　汪伟．经济增长、人口结构变化与中国高储蓄 [J]．经济学（季刊），2009（1）：29-52.

[38]　汪伟．中国居民储蓄率的决定因素——基于1995—2005年省际动态面板数据的分析 [J]．财经研究，2008（2）：53-64.

[39]　汪小亚，卜永祥，徐燕．七次降息对储蓄、贷款及货币供应量影响的实证分析 [J]．经济研究，2000（6）：11-18.

[40]　王德文，蔡昉，张学辉．人口转变的储蓄效应和增长效应——论中国增长可持续性的人口因素 [J]．人口研究，2004（5）：2-11.

[41]　王鹏，冯新力．我国居民高储蓄率的原因是什么——基于多元回归方法的实证分析 [J]．财经科学，2012（12）：24-3.

[42]　王信．我国居民收入高增长时期的储蓄存款分析 [J]．经济科学，1996（5）：24-31.

[43]　习哲馨，庚丽娜，张文韬．社会保障制度变迁对居民储蓄的影响 [J]．经济问题探索，2007（5）：85-89.

[44]　谢勇．中国农村居民储蓄率的影响因素分析 [J]．中国农村经济，2011（1）：77-87.

[45]　徐升艳，赵刚，夏海勇．人口抚养比对国民储蓄的长期动态影响研究 [J]．人口与经济，2013（3）：3-11.

[46]　杨屹，钱进宝．竞买者心理账户对网上拍卖结果的影响分析——来自孔夫子旧书网的证据 [J]．经济管理，2007（6）：43-47.

[47]　袁志刚，宋铮．城镇居民消费行为变异与我国经济增长 [J]．经济研究，

1999 (11)：20-28.

[48] 臧旭恒，裴春霞. 预防性储蓄，流动性约束与中国居民消费计量分析 [J].
经济学动态，2005 (12)：28-31.

[49] 曾进. 企业风险倾向的跨国比较——基于前景理论视角 [J]. 科学学与科
学技术管理，2009 (5)：151-157.

[50] 曾令华，赵晓英. 中国城镇居民消费函数分析——基于1978—2004年的数
据 [J]. 山西财经大学学报，2007，28 (6)：46-54.

[51] 赵黎明，史云鹏，贺颖. 城乡消费差异，城乡收入差距与经济发展 [J].
华东经济管理，2013 (1)：41-45.

[52] 张邦科，邓胜梁. 中国城市居民消费函数的假说检验 [J]. 统计与决策，
2013 (4)：116-11.

[53] 张建华，孙学光. 我国居民储蓄存款误差修正模型与分析 [J]. 数量经济
技术经济研究，2009 (4)：129-138.

[54] 张利庠. 二元结构下的城乡消费差异分析及对策 [J]. 中国软科学，2007
(2)：11-16.

[55] 中国人民银行研究局课题组. 中国国民储蓄和居民储蓄的影响因素 [J].
经济研究，1999 (5)：3-10.

[56] 周英章，李义超，金戈. 居民储蓄的长期均衡和短期波动——中国：
1991—2000年的实证分析 [J]. 统计研究，2001 (11)：17-23.

[57] 周靖祥，王贤彬. 城乡居民消费差异与收入不平等研究——来自中国
1978—2007年的经验证据 [J]. 投资研究，2011 (8)：130-148.

[58] Arkes H R, Joyner C A, Pezzo, et al. The psychology of windfall gains
[J]. *Organizational Behavior and Human Decision Processes*, 1994，59
(3): 331-347.

[59] Baptista A M. Portfolio selection with mental accounts and background
risk [J]. *Journal of Banking&Finance*, 2012, 36(4): 968-980.

[60] Barberis N，Huang M. Mental accounting, loss aversion, and individual
stock returns [J]. *The Journal of Finance*, 2001, 56(4): 1247-1292.

[61] Benartzi S，Thaler R H. Naive diversification strategies in defined contri-
bution saving plans [J]. *American Economic Review*, 2001,91(1): 79-98.

[62] Benartzi S，Thaler R H. Heuristics and biases in retirement savings be-
havior [J]. *The Journal of Economic Perspectives*, 2007, 21(3)：
81-104.

[63] Bhootra A，Hur J. On the relationship between concentration of pros-
pect theory/mental accounting investors, cointegration and momentum

[J]. *Journal of Banking & Finance*, 2012,36(5): 1266-1275.

[64] Bowman D, Minehart D, Rabin M. Loss aversion in a consumption - savings model [J]. *Journal of Economic Behavior & Organization*, 1999, 38 (2): 155-178.

[65] Börsch-Supan A, Stahl K. Life cycle savings and consumption constraints [J]. *Journal of Population Economics*, 1991,4(3): 233-255.

[66] Browning M, Crossley T F. The life-cycle model of consumption and saving [J]. *Journal of Economic Perspectives*, 2001,15(3): 3-22.

[67] Caballero R J. Earnings uncertainty and aggregate wealth accumulation [J]. *American Economic Review,* 1991,81(4): 859-871.

[68] Camerer C F. Three cheers—psychological, theoretical, empirical— for loss aversion [J]. *Journal of Marketing Research*, 2005,42(2): 129-133.

[69] Campbell J Y. Does saving anticipate declining labor income? An alternative test of the permanent income hypothesis [J]. *Econometrica*, 1987, 55(6): 1249-1273.

[70] Campbell J Y, Mankiw N G. Permanent income, current income, and consumption [J]. *Journal of Business & Economic Statistics*, 1990, 8 (3): 265-279.

[71] Carroll C D, Kimball M S. Liquidity constraints and precautionary saving [J]. NBER Working Paper, 2001,No. 8496.

[72] Carroll C D, Hall R E, Zeldes S P. The buffer-stock theory of saving: Some macroeconomic evidence [J]. *Brookings Papers on Economic Activity*, 1992(2): 61-156.

[73] Casey J T. Buyers' pricing behavior for risky alternatives: Encoding processes and preference reversals [J]. *Management Science*, 1994, 40 (6):730-749.

[74] Cheema A, Soman D. Malleable mental accounting: The effect of flexibility on the justification of attractive spending and consumption decisions [J]. *Journal of Consumer Psychology*, 2006,16(1): 33-44.

[75] Chen H, Rao A R. Close encounters of two kinds: False alarms and dashed hopes [J]. *Marketing Science*, 2002,21(2): 178-196.

[76] Das S, Markowitz H, Scheid J, et al. Portfolio optimization with mental accounts [J]. *Journal of Financial and Quantitative Analysis*, 2010, 45(2): 311-334.

[77] De Martino B, Camerer C F, Adolphs R. Amygdala damage eliminates

monetary loss aversion [J]. *Proceedings of the National Academy of Sciences*, 2010, 107(8): 3788-3792.

[78] Deaton A. Saving and liquidity constraints [J]. NBER Working Paper, 1989, No. 3196.

[79] Dickey D A, Fuller W A. Distribution of the estimators for autoregressive time series with a unit root [J]. *Journal of the American Statistical Association*, 1979, 74(366a): 427-431.

[80] Diecidue E, Schmidt U, Zank H. Parametric weighting functions [J]. *Journal of Economic Theory*, 2009, 144(3): 1102-1118.

[81] Drakos K. Myopia, liquidity constraints, and aggregate consumption: the case of Greece [J]. *Journal of Economic Development*, 2002, 27(1): 97-106.

[82] Duxbury D, Keasey K, Zhang H, et al. Mental accounting and decision making: Evidence under reverse conditions where money is spent for time saved [J]. *Journal of Economic Psychology*, 2005, 26(4): 567-580.

[83] Engle R F, Granger C W. Co-integration and error correction: Representation, estimation and testing [J]. *Econometrica*, 1987, 55(2): 251-276.

[84] Ferson W E, Constantinides G M. Habit persistence and durability in aggregate consumption: Empirical tests [J]. *Journal of Financial Economics*, 1991, 29(2): 199-240.

[85] Fischer S, Merton R C. Macroeconomics and finance: The role of the stock market [C] //Carnegie-Rochester Conference Series on Public Policy, 1984 (21): 57-108.

[86] Flavin M A. The adjustment of consumption to changing expectations about future income [J]. *The Journal of Political Economy*, 1981, 89(5): 974-1009.

[87] Frazzini A. The disposition effect and underreaction to news [J]. *The Journal of Finance*, 2006, 61(4): 2017-2046.

[88] Galai D, Sade O. The "ostrich effect" and the relationship between the liquidity and the yields of financial assets [J]. *The Journal of Business*, 2006, 79(5): 2741-2759.

[89] Gale W G, Scholz J K. IRAs and household saving [J]. *The American Economic Review*, 1994, 84(5): 1233-1260.

[90] Gonzalez R, Wu G. On the shape of the probability weighting function [J]. *Cognitive Psychology*, 1999, 38(1): 129-166.

[91] Grinblatt M，Han B. Prospect theory, mental accounting, and momentum [J]. *Journal of Financial Economics*, 2005,78(2): 311–339.

[92] Gujarati D N. Basic econometrics [M]. 4th, New York: McGraw Hill, 2004.

[93] Hall R E. Stochastic implications of the life cycle-permanent income hypothesis: theory and evidence [J]. *The Journal of Political Economy*, 1978,86(6): 971–987.

[94] Hall R E. Intertemporal substitution in consumption [J]. *The Journal of Political Economy*, 1988,96(2): 339–357.

[95] Heath C. Escalation and de-escalation of commitment in response to sunk costs: The role of budgeting in mental accounting [J]. *Organizational Behavior and Human Decision Processes*, 1995,62(1): 38–54.

[96] Heath C，Soll J B. Mental budgeting and consumer decisions [J]. *Journal of Consumer Research*, 1996,23(1): 40–52.

[97] Heath T B, Chatterjee S，France K R. Mental accounting and changes in price: The frame dependence of reference dependence [J]. *Journal of Consumer Research*, 1995,22(1): 90–97.

[98] Heilman C M, Nakamoto K，Rao A G.Pleasant surprises: Consumer response to unexpected in-store coupons [J]. *Journal of Marketing Research*, 2002,39(2): 242–252.

[99] Horioka C Y，Wan J. The determinants of household saving in China: Dynamic panel analysis of provincial data [J]. *Journal of Money, Credit and Banking,* 2007,39(8): 2077–2096.

[100] Hu W Y，Scott J S. Behavioral obstacles in the annuity market [J]. *Financial Analysts Journal*, 2007,63(6): 71–82.

[101] MacKinnon J G. Critical values for cointegration tests [J]. Queen's Economics Department Working Paper, 2010,No. 1227.

[102] Janakiraman N, Meyer R J，Morales A C. Spillover effects: How consumers respond to unexpected changes in price and quality [J]. *Journal of Consumer Research*, 2006,33(3): 361–369.

[103] Johansen S. Statistical analysis of cointegration vectors [J]. *Journal of Economic Dynamics and Control*, 1988,12(2): 231–254.

[104] Johansen S. Estimation and hypothesis testing of cointegration vectors in Gaussian vector autoregressive models [J]. *Econometrics*, 1991,59(6): 1551–1580.

[105] Kahneman D. Maps of bounded rationality: Psychology for behavioral economics [J]. *American Economic Review*, 2003, 93(5): 1449-1475.

[106] Kahneman D, Tversky A. Prospect theory: An analysis of decision under risk [J]. *Econometrica: Journal of the Econometric Society*, 1979,47(2): 263-291.

[107] Kahneman D, Tversky A. Choices, values and frames [J]. *American Psychologist*, 1984,39(4): 341-350.

[108] Kahneman D, Knetsch J L, Thaler R H.Experimental tests of the endowment effect and the Coase theorem [J]. *Journal of Political Economy*, 1990,98(6):1325-1348.

[109] Kahneman D, Knetsch J L, Thaler R H. Anomalies: The endowment effect, loss aversion, and status quo bias [J]. *The Journal of Economic Perspectives*, 1991,5(1): 193-206.

[110] Keeler J P, James W L, Abdel-Ghany M.The relative size of windfall income and the permanent income hypothesis [J]. *Journal of Business & Economic Statistics*, 1985,3(3): 209-215.

[111] Kraay A. Household saving in China [J]. *The World Bank Economic Review*, 2000,14(3): 545-570.

[112] Krishnamurthy P, Prokopec S. Resisting that triple-chocolate cake: Mental budgets and self-control [J]. *Journal of Consumer Research*, 2010, 37(1): 68-79.

[113] Leclerc F, Schmitt B H, Dube L. Waiting time and decision making: Is time like money? [J]. *Journal of Consumer Research*, 1995, 22(1): 110-119.

[114] Leff N H. Dependency rates and savings rate [J]. *American Economic Review*, 1969,59(5): 886-896.

[115] Lim S S. Do investors integrate losses and segregate gains? Mental accounting and investor trading decisions [J]. *The Journal of Business*, 2006,79(5): 2539-2573.

[116] Linville P W, Fischer G W. Preferences for separating or combining events [J]. *Journal of Personality and Social Psychology*, 1991, 60(1): 5-23.

[117] Lipe M G. Analyzing the variance investigation decision: The effects of outcomes, mental accounting, and framing [J]. *Accounting Review*, 1993, 64(8): 748-764.

[118] Litterman R B, Weiss L. Money, real interest rates, and output: A reinterpretation of postwar US data [J]. *Econometrica*, 1983,53:129–156.

[119] Loayza N, Schmidt-Hebbel K, Servén L. Saving in Developing Countries: An Overview [J]. *The World Bank Economic Review*, 2000, 14(3): 393–414.

[120] MacKinnon J G. Critical values for cointegration tests [J]. Queen's Economics Department Working Paper, 2010,No. 1227.

[121] Mankiw N G. The permanent income hypothesis and the real interest rate [J]. *Economics Letters*, 1981,7(4): 307–311.

[122] Mankiw N G, Shapiro M D. Trends, random walks, and tests of the permanent income hypothesis [J]. *Journal of Monetary Economics*, 1985, 16(2): 165–174.

[123] McClure S M, Laibson D I, Loewenstein G, et al. Separate neural systems value immediate and delayed monetary rewards [J]. *Science*, 2004, 306(5695): 503–507.

[124] Michener R. Permanent income in general equilibrium [J]. *Journal of Monetary Economics*, 1984,13(3): 297–305.

[125] Milkman K L, Beshears J. Mental accounting and small windfalls: Evidence from an online grocer [J]. *Journal of Economic Behavior & Organization*, 2009, 71(2): 384–394.

[126] Modigliani F, Brumberg R. Utility analysis and the consumption function: An interpretation of cross-section data [J]. *The collected papers of Franco Modigliani*, 1954 (6) : 3–47.

[127] Modigliani F, Cao S L. The chinese saving puzzle and the life-cycle hypothesis [J]. *Journal of Economic Literature*, 2004,42(1): 145–170.

[128] Moon P, Keasey K, Duxbury D. Mental accounting and decision making: The relationship between relative and absolute savings [J]. *Journal of Economic Behavior & Organization*, 1999,38(2): 145–153.

[129] Munro A, Sugden R. On the theory of reference-dependent preferences [J]. *Journal of Economic Behavior & Organization*, 2003,50(4): 407–428.

[130] Newman D P. Prospect theory: Implications for information evaluation [J]. *Accounting, Organizations and Society*, 1980,5(2): 217–230.

[131] Okada E M. Trade-ins, mental accounting, and product replacement decisions [J]. *Journal of Consumer Research*, 2001,27(4): 433–446.

[132] Plassmann H, O'Doherty J, Shiv B, et al. Marketing actions can modulate

neural representations of experienced pleasantness ［J］. *Proceedings of the National Academy of Sciences*, 2008,105(3): 1050−1054.

［133］ Prelec D. The probability weighting function ［J］. *Econometrica*, 1998,66 (3):497−527.

［134］ Prelec D，Loewenstein G. The red and the black: Mental accounting of savings and debt ［J］. *Marketing Science*, 1998,17(1): 4−28.

［135］ Rajagopal P，Rha J Y. The mental accounting of time ［J］. *Journal of Economic Psychology*, 2009,30(5): 772−781.

［136］ Ranyard R, Hinkley L, Williamson J, et al. The role of mental accounting in consumer credit decision processes ［J］. *Journal of Economic Psychology*, 2006,27(4): 571−588.

［137］ Rosenblatt-Wisch R. Loss aversion in aggregate macroeconomic time series ［J］. *European Economic Review*, 2008,52(7): 1140−1159.

［138］ Schmidt-Hebbel K, Webb S B，Corsetti G. Household saving in developing countries: First cross-country evidence ［J］. *The World Bank Economic Review*, 1992, 6(3): 529−547.

［139］ Selart M, Karlsson N，Gärling T. Self-control and loss aversion in intertemporal choice ［J］. *The Journal of Socio-economics*, 1997, 26(5): 513−524.

［140］ Shea J. Myopia, liquidity constraints, and aggregate consumption: A simple test ［J］. *Journal of Money, Credit and Banking*, 1995, 27(3): 798−805.

［141］ Shefrin H M，Thaler R H. The behavioral life-cycle hypothesis ［J］. *Economic Inquiry*, 1988,26(4): 609−643.

［142］ Shefrin H，Statman M. Behavioral portfolio theory ［J］. *The Journal of Financial and Quantitative Analysis*, 2000,35(2): 127−151.

［143］ Sokol-Hessner P, Hsu M, Curley N G, et al. Thinking like a trader selectively reduces individuals' loss aversion ［J］. *Proceedings of the National Academy of Sciences*, 2009,106(13): 5035−5040.

［144］ Sussman A B，Alter A L. The exception is the rule: Underestimating and overspending on exceptional expenses ［J］. *Journal of Consumer Research*, 2012,39(4): 800−814.

［145］ Thaler R H. Toward a positive theory of consumer choice ［J］. *Journal of Economic Behavior & Organization*, 1980,1(1): 39−60.

［146］ Thaler R H. Mental accounting and consumer choice ［J］. *Marketing Sci-*

ence, 1985, 4(3): 199–214.

[147] Thaler R H. Anomalies: Saving, fungibility, and mental accounts [J]. *The Journal of Economic Perspectives*, 1990,4(1): 193–205.

[148] Thaler R H. Psychology and savings policies [J]. *The American Economic Review*, 1994,84(2): 186–192.

[149] Thaler R H. Mental accounting matters [J]. *Journal of Behavioral Decision Making*, 1999,12(3): 183–206.

[150] Thaler R H. Mental accounting and consumer choice: Anatomy of a Failure [J]. *Marketing Science*, 2008,27(1): 12–14.

[151] Thaler R H，Benartzi S. Save more tomorrow: Using behavioral economics to increase employee saving [J]. *The Journal of Political Economy*, 2004,112(S1): S164–S187.

[152] Thaler R H，Shefrin H M. An economic theory of self-control [J]. *The Journal of Political Economy*, 1981,89(2): 392–406.

[153] Thaler R H，Johnson E J. Gambling with the house money and trying to break even: The effects of prior outcomes on risky choice [J]. *Management science*, 1990,36(6): 643–660.

[154] Thaler R H, Tversky A, Kahneman D, et al. The effect of myopia and loss aversion on risk taking: An experimental test [J]. *The Quarterly Journal of Economics*, 1997,112(2): 647–661.

[155] Tom S M, Fox C R, Trepel C, et al. The neural basis of loss aversion in decision-making under risk [J]. *Science*, 2007,315(5811): 515–518.

[156] Tversky A，Kahneman D. Advances in prospect theory: Cumulative representation of uncertainty [J]. *Journal of Risk and Uncertainty*, 1992,5(4): 297–323.

[157] Winnett A，Lewis A. Household accounts, mental accounts, and savings behaviour: Some old economics rediscovered? [J]. *Journal of Economic Psychology*, 1995,16(3): 431–448.

[158] Zeldes S P. Consumption and liquidity constraints: An empirical investigation [J]. *The Journal of Political Economy*, 1989,97(2): 305–346.

[159] Zhu R, Chen X，Dasgupta S.Can trade-ins hurt you? Exploring the effect of a trade-in on consumers' willingness to pay for a new product [J]. *Journal of Marketing Research*, 2008,45(2): 159–170.

索引